*Manual do líder*

# NAPOLEÃO BONAPARTE

*Manual do líder*

*Aforismos escolhidos e prefaciados por* Jules Bertaut

*Tradução de* Julia da Rosa Simões

Texto de acordo com a nova ortografia.
Título original: *Manuel du chef. Aphorismes choisis et préfacés par Jules Bertaut*

Primeira edição na Coleção L&PM POCKET (2010)

*Tradução*: Julia da Rosa Simões
*Capa*: Ivan Pinheiro Machado. *Ilustração*: Napoleão Bonaparte (1808), de Jacques-Louis David. Óleo sobre madeira, 0,435 x 0,361m. Paris, Fondation Dosne-Thiers, Institut de France.
*Preparação:* Lia Cremonese
*Revisão*: Elisângela Rosa dos Santos

CIP-Brasil. Catalogação na publicação
Sindicato Nacional dos Editores de Livros, RJ.

N173m

Napoleão I, Imperador dos franceses, 1769-1821
Manual do líder / Napoleão Bonaparte; aforismos escolhidos e prefaciados por Jules Bertaut; tradução Julia da Rosa Simões. – Porto Alegre [RS]: L&PM, 2022.
160 p. ; 21 cm.

Tradução de: *Manuel du chef*
ISBN 978-65-5666-255-8

1. Aforismos e apotegmas. 2. Napoleão I, Imperador dos franceses, 1769-1821 - Liderança militar. I. Bertaut, Jules, 1877-1959. II. Simões, Julia da Rosa. III. Título.

22-76767          CDD: 944.05092
                  CDU: 94(44)"1799/1815"

Meri Gleice Rodrigues de Souza - Bibliotecária - CRB-7/6439

© 2006, 2009, Editions Payot & Rivages

Todos os direitos desta edição reservados a L&PM Editores
Rua Comendador Coruja 314, loja 9 – Floresta – 90.220-180
Porto Alegre – RS – Brasil / Fone: 51.3225.5777

PEDIDOS & DEPTO. COMERCIAL: vendas@lpm.com.br
FALE CONOSCO: info@lpm.com.br
www.lpm.com.br

Impresso no Brasil
Outono de 2022

# Sumário

Prefácio – JULES BERTAUT ............................................. 7

O líder ............................................................................ 15

Da França e dos franceses ............................................ 31

O autoritário e o político ............................................... 45

Como organizar a nação?............................................... 69

Como organizar o exército?........................................... 91

A guerra e seu comando ............................................. 111

Os diplomatas e o exterior ......................................... 135

Cronologia................................................................... 151

# *Prefácio*

JULES BERTAUT*
(1917)

De todas as antologias de pensamentos, nenhuma foi organizada com mais frequência do que as de pensamentos napoleônicos. Sobre a política, sobre a guerra, sobre as finanças, sobre a arte, sobre os costumes. Há mais de cem anos, todas as gerações têm curiosidade de conhecer a opinião do Imperador. Breve ou circunstanciada, cortante ou sutil, espontânea ou sinuosa, ela quase sempre surpreende pela experiência de que está imbuída, bem como pelas intenções profundas que deixa transparecer. Ela pode ser discutida, combatida, execrada, mas é impossível negar sua solidez e o alcance de sua repercussão. "O que se deve mais admirar em Napoleão", perguntava Henry Houssaye, "o poder da imaginação ou as capacidades de realização?" Do poeta ele tem a profusão e a variedade de sonhos; do homem de ação ele tem a força para manifestar, de maneira concreta, as imagens que habitam sua mente. Mas sempre e em tudo, podemos dizer que antes da ação, antes mesmo do pensamento, é a imaginação que entra em movimento e desencadeia todo o mecanismo dessa mente espantosa.

Essa imaginação é de caráter muito particular. Ela não se assemelha a nenhum modelo conhecido. Está aparentada justamente com a dos seres que Pascal chama de "espíritos

---

* Jules Bertaut (1877-1959) foi um escritor, historiador e conferencista francês. Pelo conjunto da obra, recebeu em 1959 o Grand Prix de littérature da Société des gens de lettres de France. (N.E.)

amplos" e sobre os quais Pierre Duhem, seguindo Taine, deixou uma penetrante psicologia num estudo científico intitulado *A teoria física*.

A qualidade essencial desses sujeitos imaginativos é a força que têm de evocar com sua inteligência um conjunto enorme de coisas, desde que essas coisas sejam lógicas e não produtos da abstração. Eles são essencialmente realistas, ficam repugnados, por princípio, com todo tipo de operação intelectual. As generalizações, as ideias puras e as teorias não têm poder algum sobre suas mentes ávidas pelo concreto. "Ele só examinava as coisas", disse Madame de Staël, falando do Imperador, "em relação à sua utilidade imediata; um princípio geral o desagradava como um disparate ou um inimigo." Ao folhear esta pequena antologia de pensamentos, será possível ver Bonaparte expressar vinte vezes a opinião de que as teorias nada são que apenas as ações e a realidade cambiante têm valor. Na arte da guerra, particularmente, sobre a qual meditou com tanta profundidade, tudo o que diz respeito à teoria pura é impiedosamente afastado por ele: "Não existe uma ordem natural de batalha [...]. A teoria só é boa para ideias gerais, elas são eixos que devem servir para traçar curvas [...]. Os planos de campanha são modificados ao infinito, segundo as circunstâncias etc."

No domínio da ação, pelo contrário, o espírito do Imperador demonstra sua superioridade e se torna de fato extraordinário à medida que seus feitos se acumulam e amontoam. Por mais complexos que sejam, ele tem a capacidade de abrangê-los; por mais numerosos que se revelem, ele não esquece nenhum; por mais distanciados no tempo que estejam, ele tem o poder de evocá-los de memória. Existem mil exemplos de sua faculdade surpreendente de reminiscência, que é uma das características do espírito amplo que todos os contemporâneos observaram no Imperador. "Ele tinha", diz Bourrienne, "pouca memória para nomes próprios, palavras e datas, mas tinha uma memória prodigiosa para feitos e localidades." Tudo o que era do domínio da geografia, da figuração dos lugares, acidentes e terrenos, da disposição das coisas no espaço era classificado em seu cérebro logo depois de visto e citado à primeira necessidade. Esse armazenamento, por assim dizer, era tão necessário a Napoleão que ele inclusive o incitava naturalmente nos demais: "Faça", ordenava ele, "uma descrição de todas as províncias por onde vocês passaram, das estradas e da natureza do terreno, envie-me esboços. [...] Que eu possa ver a distância entre as cidades, a natureza da região, os recursos que ela possui." Era dessa maneira que a cada dia ele aumentava suas riquezas, multiplicava os inúmeros materiais com que mais tarde construiria um plano de campanha ou uma legislação.

A amplidão de seu espírito não lhe permite apenas abarcar uma quantidade formidável de feitos: através de uma operação inconsciente, ele os classifica à medida que toma conhecimento deles, de forma que sua memória lhe prestará outro serviço, compondo um registro monumental, que ele chama de *estado de coisas*: "Sempre tenho em mente meu estado de coisas [...]. Os estados de coisas dos exércitos são para mim os livros de literatura mais agradáveis de minha biblioteca, aqueles que leio com mais prazer nos momentos de lazer". Estes não seriam, de fato, o espelho onde um espírito amplo se contempla com o máximo de volúpia? Sentir que sua presença abrange todo um mundo em infinitos detalhes, todo um mundo bem-ordenado e catalogado!

Esse conhecimento de suas condições era tão perfeito em Napoleão que nada podia enfraquecê-lo. É por isso que

Ségur, encarregado de visitar as praças-fortes do Norte, depois de enviar seu relatório, foi interpelado pelo Imperador algumas horas depois: "O senhor esqueceu em Ostende dois canhões de 4", disse este último. E era verdade! "Saí espantado", acrescenta Ségur, "pois entre as milhares de peças de artilharia espalhadas pelo litoral, dois canhões de 4 não tinham escapado à sua memória."

Esse poder de evocar com precisão um grande número de objetos, essa imaginação "visual", por assim dizer, em oposição à imaginação abstrata, permite ao Imperador constituir-se um método psicológico próprio. Na incapacidade em que se encontra de racionalizar, ele atinge a verdade penetrando de fora para dentro, ele adivinha o moral pelo físico, ele procura o sentimento por trás de sua expressão, e com tanta sagacidade que num piscar de olhos consegue perceber, ao mesmo tempo, todos os sentimentos do mesmo tipo catalogados por sua prodigiosa memória. Foi o que presenciou Taine: "Ele se representa o interior pelo exterior", diz ele, "através de uma fisionomia característica, de uma atitude eloquente, de uma pequena cena passageira e tópica, de exemplos e sínteses tão bem escolhidos e de tal forma detalhados que resumem toda a lista indefinida de casos análogos. Dessa maneira, o objeto vago e fugidio é repentinamente apreendido, agrupado, depois julgado e avaliado." Esse será o método que ele empregará por toda a sua vida, de Toulon a Santa Helena, para apreciar aqueles que o cercam. Na releitura das notas dispersas de sua obra, do *Memorial*, das atas das sessões do Conselho de Estado, se encontrará a mesma rapidez de julgamento, o mesmo olhar infalível para determinar a natureza e a valor de um indivíduo.

Com esse procedimento mecânico, devido à grandeza de seu olhar interior, ele cataloga e julga qualquer situação política, qualquer problema civil ou militar interposto em seu caminho pelo destino. É como um veredicto obtido quase instantaneamente, e não sabemos o que mais devemos admirar, a presteza com que foi dado, ou a verdade que manifesta. O cardeal Consalvi, em suas *Memórias*, diz algo certeiro que revela o Imperador por inteiro: "Ele é o homem da espontaneidade meditada".

De resto, sua memória lhe representa não só o conjunto das coisas, mas ainda seus detalhes, por mais ínfimos que sejam, e é nisso mais uma vez que se revela a amplidão de seu espírito. A anedota do Imperador que encontra, certo dia, um batalhão perdido numa estrada e, por indicação de seu número, indica-lhe o caminho, calculando o local exato onde aqueles homens encontrariam seu regimento, é bastante verossímil, pois não passa da aplicação de uma qualidade mestra de sua mente. Ele não apenas vê o detalhe, mas também se compraz em imaginá-lo, prevê-lo, criá-lo do nada. Às vezes, ele o supõe. Escreve, por exemplo, a um general no comando de uma fortaleza sitiada: "Deve haver um grande número de cães de que o senhor poderá facilmente se servir amarrando vários deles a uma pequena distância de suas muralhas". Em outras ocasiões, ele capta o detalhe de passagem: "Li com pesar, em um de seus relatórios de ontem, que um camponês foi de Elditten a Liebstadt. O senhor nunca saberá ser rigoroso? Nem mesmo uma lebre deve cruzar a linha. O primeiro que a cruzar deve ser fuzilado, inocente ou culpado." Muitas vezes, enfim, ele faz uso disso no futuro, no local exato em que sua prodigiosa imaginação quer que ele esteja. "O senhor fará com que", escreve ele, "os capitães de corvetas sempre tenham a bordo algumas garrafas de vinho e um bom cozinheiro para oferecer refeições convenientes às autoridades dos portos onde atracarem." Seu olho de águia apreende todo o quadro de seu universo e percebe suas mais ínfimas parcelas. Ele sabe, além disso, que nenhum detalhe deve ser negligenciado, visto que, segundo sua experiência pessoal e a própria constituição de sua mente, cada um deles é o sinal, o indício através do qual chegar a coisas dissimuladas.

Por fim, sua imaginação é tão flexível quanto ampla; ela se adapta a todas as sugestões, se modela de antemão a todas as circunstâncias, abarca todas as possibilidades. "Um plano de campanha deve prever *tudo* o que o inimigo pode fazer e conter em si mesmo os meios de neutralizá-lo [...]. Um general deve refletir várias vezes ao dia: se o exército inimigo aparecesse em meu *front*, à minha direita, à minha esquerda, o que eu faria?" Ela tem, além disso, o poder de se introduzir na alma do próximo, de se transformar, segundo as necessidades, em soldado, cidadão, pai de família, funcionário, camponês. É quando, inclusive, se manifesta de fato o gênio do Imperador, nesse poder de evocação, com precisão, de personalidades absolutamente diferentes da sua. Num dia, ele se transforma em granadeiro da velha guarda, imagina o vazio das noites passadas a céu aberto nos acampamentos e percebe a necessidade de alimentar as conversas que acontecem nesses momentos de relaxamento, concluindo que é seu dever pronunciar discursos intensos na véspera ou na antevéspera da batalha: "Não são os discursos na hora da batalha que tornam os soldados corajosos [...]. Se eles são úteis [...] é para fornecer material para as conversas dos acampamentos". Em outro dia, ele é um proprietário rural deslumbrado, em sua distante província, pelas lendas sobre os luxos da corte imperial citados nos periódicos, pensando no Imperador como um ser incrível, que ele poderia ver, que ele poderia tocar, ao qual poderia expor suas queixas e suas esperanças se uma guarda impiedosa não vigiasse as barreiras das Tulherias! E Napoleão decide de repente satisfazer os desejos daquele humilde cidadão, não por bondade de alma, mas para proveito incontestável do Império: "Eu gostaria que os proprietários fossem idosos, casados de alguma forma com o Estado por suas famílias ou profissões, ligados por algum laço à coisa pública. Esses homens viriam todos os anos para Paris, falariam com o Imperador, frequentariam seu círculo, ficariam contentes com este pequeno luar de glória lançado na monotonia de suas vidas". Em outro dia, ainda, ele é um napolitano que contempla o exército francês acantonado em sua imensa cidade mediterrânea e que se indigna com a ideia de que aqueles vencedores são ímpios, pessoas abomináveis que não têm fé nem respeito pelas coisas sagradas. Ele sente a raiva encher o coração de cada passante, acender a cólera de cada sacerdote, e imediatamente anuncia do fundo de seu gabinete: "Minha intenção é que o general Soult e seu estado-maior frequentem a missa em dias de festa, com música, que ele conviva bem com os sacerdotes e oficiais do rei de Nápoles [...]. Verei com bons olhos o fato de que os líderes de batalhões frequentem a missa nos dias de festa e de que nas cidades onde houver um bispo este seja visitado".

Será preciso continuar? Inúmeros exemplos serão encontrados na presente antologia. Ela comprova em mais alto grau o poder imaginativo de Napoleão e destaca o caráter de amplidão de seu espírito. Ela nos faz apreender diretamente, de certa forma, o mecanismo dessa mente capaz de abarcar ao mesmo tempo o conjunto e os detalhes, ávida em absorver todo feito a seu alcance, preocupada em estender a cada dia um pouco mais seus horizontes, embriagada com sua força e ávida de exercê-la sem trégua. Ela nos faz entender o total egoísmo dos homens de gênio que atribuem tudo à sua própria personalidade, fazem de cada coisa e de cada ser um meio, de cada ideia um instrumento, de cada grande obra uma alavanca destinada a manter ou aumentar seu poder. Talvez, depois dessas poucas páginas de prefácio, sejam mais bem apreendidos, no que têm de tragicamente atuais, esses conselhos, essas ordens, essas previsões, esses julgamentos, esses pensamentos nascidos e amadurecidos em meio a uma tremenda reviravolta da Europa, os quais atestam a grandeza de uma época em que cada ser e cada coisa assumem proporções monstruosas, como o espírito quase desumano de tão amplo que tinha a força de evocá--las e formulá-las...

*O líder*

Amo o poder, mas é como artista que o amo. Amo-o como um músico ama seu violino para dele tirar sons, acordes e harmonias.

~

Um exército não é nada sem um cérebro.

~

A atitude de um general amado vale mais do que o mais belo discurso.

~

A frieza é a maior qualidade de um homem destinado a comandar.

~

A presença do general é indispensável: ele é o cérebro, a essência de um exército. Não foi o exército romano que conquistou a Gália, mas César*; não foi o exército cartaginês que fez o exército republicano tremer às portas de Roma, mas Aníbal.**

* Júlio César (100-44 a.C.): o famoso general romano conquistador da Gália, que se tornaria cônsul e ditador. (N.T.)
** Aníbal (247-183 a.C.): grande general cartaginês, considerado por alguns o criador da estratégia militar. (N.T.)

Nada é mais importante, na guerra, do que a unidade de comando; assim, quando se combate uma única potência, deve-se ter um único exército agindo numa única linha de frente e sendo conduzido por um único chefe.

∾

Um mau general vale mais do que dois bons.*

∾

Realizei a campanha sem consultar ninguém: eu nada teria feito de bom se precisasse me conciliar com a maneira de ver de outra pessoa. Se me impuserem entraves de todo tipo; se eu precisar informar aos comissários do governo sobre todos os meus passos; se eles tiverem o direito de alterar minha movimentação, de retirar-me ou enviar-me tropas, nada mais esperem de bom. Se os senhores enfraquecerem seus recursos dividindo suas forças; se romperem na Itália a unidade do pensamento militar: digo-lhes com pesar que terão perdido a mais bela ocasião de impor leis à Itália.

∾

É preciso estar bastante alheio à marcha do gênio para acreditar que ele se deixa esmagar pelas formas. As formas foram feitas para a mediocridade; é bom que esta só possa

---

* Quando disse essa frase, Napoleão estava à frente do exército da Itália, e fora informado pelo Diretório de que seu comando passaria a ser dividido com o general Kellerman. Bonaparte nega-se a obedecer, acreditando firmemente que um exército é mais bem comandado por uma única inteligência, mesmo que inferior, do que por duas inteligências superiores, mas contrastantes. (N.T.)

se mover dentro de um círculo das regras. O talento alça voo, não importa quantos entraves o cerquem.

~

A primeira qualidade de um generalíssimo* é ter uma cabeça fria que receba impressões exatas dos objetos, que nunca se exalte, não se deixe deslumbrar e embriagar por boas ou más notícias; as sensações sucessivas ou simultâneas que recebe ao longo de um dia se ordenam e ocupam apenas o justo espaço que merecem ocupar.

~

Infeliz do general que vai para o campo de batalha com um sistema preestabelecido!

~

A inteligência tem seus direitos acima dos da força; a força em si não é nada sem a inteligência. Nos tempos heroicos, o general era o homem mais forte; nos tempos civilizados, o general é o mais inteligente dos bravos.

~

Aquele que não vê o campo de batalha com olhos impassíveis faz homens morrerem inutilmente.

~

---

* Generalíssimo (*général en chef*, em francês): o general encarregado do comando geral e supremo dos exércitos, que tem sob suas ordens os demais generais. (N.T.)

A glória e a honra das armas são o primeiro dever a ser considerado por um general que combate: a salvação e a preservação dos homens são apenas secundárias; mas é também na audácia e na obstinação do general que se encontram a salvação e a preservação dos homens.

~

Um generalíssimo nunca deve dar descanso aos vencedores, nem aos vencidos.

~

Na guerra, o chefe é o único a entender a importância de certas coisas; e ele pode sozinho, por sua vontade e suas luzes superiores, vencer e superar todas as dificuldades.

~

A maioria dos homens, inclusive dos grandes homens, só sabe ousar pela metade.

~

O espírito de um bom general deveria se assemelhar, pela limpidez, ao vidro de uma luneta de batalha.

~

Um general deve ser charlatão.

~

Não existem grandes ações sucessivas que sejam obras do acaso e da sorte; elas sempre decorrem do cálculo e do gênio. Raramente vemos os grandes homens fracassarem em suas empresas mais perigosas. Vejam Alexandre\*, César, Aníbal, o grande Gustavo\*\* e outros: eles sempre têm êxito. Será porque têm sorte que se tornam grandes homens? Não, mas porque, sendo grandes homens, souberam controlar a sorte. Quando estudamos as instâncias de seus sucessos, ficamos surpresos de ver que eles fizeram de tudo para obtê-los.

∼

Todos os grandes capitães da Antiguidade e aqueles que, mais tarde, dignamente seguiram seus passos só fizeram grandes coisas ao se conformarem às regras e aos princípios naturais da arte, isto é, pela exatidão dos cálculos e pela relação racional dos meios com suas consequências, dos esforços com os obstáculos.

∼

Que homem não gostaria de ser apunhalado, desde que tivesse sido César? Um pálido clarão de sua glória compensaria amplamente uma morte prematura.

∼

Em geral, a melhor maneira de me louvar é fazer coisas que inspirem sentimentos heroicos à nação, à juventude, ao exército.

∼

---

\* Alexandre Magno (356-323 a.C): rei da Macedônia e da Pérsia, grande tático e conquistador de territórios, bem como líder de homens. (N.T.)
\*\* Gustavo Adolfo, o Grande, o Leão do Norte (1594-1632): rei da Suécia, responsável por importantes avanços na arte da guerra, como o uso de artilharia móvel. (N.T.)

Cheguei tarde demais, Decrès*: não há mais nada de grande a ser feito... Sim, concordo, minha carreira é admirável, trilhei um belo caminho; mas que diferença com a Antiguidade! Veja Alexandre: ao conquistar a Ásia e anunciar-se aos povos como o filho de Júpiter, todo o Oriente – com exceção de Olímpia**, que sabia de tudo, com exceção de Aristóteles e de alguns pedantes de Atenas – acreditou nele. Quanto a mim, se me declarasse filho do Pai eterno e anunciasse que Lhe renderia graças enquanto tal, não haveria uma vendedora de peixe que não me vaiasse à minha passagem. O povo é esclarecido demais hoje em dia; não há mais nada de grande a ser feito.

∽

Não existe homem mais covarde do que eu ao elaborar um plano militar; exagero todos os possíveis perigos e males nas circunstâncias dadas; fico numa agitação insuportável. O que não me impede de parecer sereno às pessoas que me cercam; sou como uma mulher que dá à luz. Mas quando uma decisão é tomada, tudo é esquecido, a não ser o que pode fazê-la ter êxito.

∽

A direção dos assuntos militares é apenas metade do trabalho de um general; estabelecer e garantir comunicações é um dos objetivos mais importantes. Garanta rapidamente suas comunicações.

---

\* Denis Decrès (1761-1820): contra-almirante que acompanhou Napoleão na expedição ao Egito e que mais tarde seria nomeado por ele ministro da Marinha. (N.T.)
\*\* Olímpia do Épiro: mãe de Alexandre Magno. (N.T.)

~

Não são tropas o que lhe falta, mas a maneira de reuni-las e de agir com vigor. A velocidade, na guerra, é metade do sucesso.

~

Na guerra, vemos nossos males e não vemos os do inimigo; é preciso demonstrar confiança.

~

Poderei ser acusado de temeridade: jamais de lentidão.

~

Em Waterloo, tudo deu errado apenas depois de tudo ter dado certo.

~

Não tenha uma linha, mas mantenha todas as suas tropas reunidas e agrupadas ao redor de Gênova, enquanto seus depósitos são mantidos em Savona. Esses são os três princípios militares; ao agir assim, você combaterá cinquenta mil homens com trinta mil.

~

Os princípios de César foram os mesmos que os de Aníbal: manter as forças reunidas, não ser vulnerável em ponto algum, dirigir-se com rapidez a pontos importantes, confiar em meios morais, na reputação de suas armas, no temor inspirado e também nos meios políticos para manter fiéis os aliados e obedientes os povos conquistados.

Na guerra, é preciso ideias simples e definidas.

~

De tanto dissertar, de ser espirituoso, de fazer reuniões, acontecerá o que acontece em todos os séculos quando se segue tal caminho: acabam-se tomando as piores decisões, que, quase sempre, na guerra, são as mais covardes, ou, se preferirem, as mais prudentes. A verdadeira sabedoria, para um general, está na determinação enérgica.

~

Quando queremos travar uma batalha, é regra geral reunir todas as suas forças, não negligenciar nenhuma; um batalhão, às vezes, decide uma etapa.

~

Eu não teria considerado os austríacos tão decididos, mas me enganei tantas vezes em minha vida que não coro mais.

~

Na guerra como na política, o momento perdido não volta mais.

~

Em sentido estrito, os grandes homens são confusos.

~

A maneira de ser acreditado é tornar a verdade inacreditável.

~

Como é grande o poder da imaginação! Esses homens, os marinheiros ingleses de Santa Helena, não me conhecem, nunca me viram antes; tinham apenas ouvido falar de mim; e o que não sentem, o que não fariam por mim? A mesma excentricidade se renova em todas as idades, em todos os países, em todos os séculos!... Isto é fanatismo! Sim, a imaginação governa o mundo!

~

O homem superior é impassível: censurado ou louvado, segue seu caminho.

~

Nada é mais difícil do que decidir-se.

~

O gênio não pode ser transmitido: desde que o mundo é mundo, não houve, que eu saiba, dois grandes poetas, dois grandes matemáticos, dois grandes conquistadores, dois monarcas de gênio, um filho do outro.

~

O homem se destaca na vida ao dominar o caráter que lhe foi dado pela natureza, ou construindo um pela educação e sabendo modificá-lo conforme os obstáculos que encontra.

A coragem de improviso, que, mesmo nos acontecimentos mais repentinos, permite liberdade de espírito, de julgamento e de decisão, é extremamente rara.

~

É impossível dissimular que um homem morto não é mais nada; aquele que tiver a menor ocasião será mais forte do que sua memória. Quando o maior homem, aquele que mais prestou serviços a seu país, morre, o primeiro sentimento que experimentamos é o de satisfação; somos aliviados de um peso; tal fato coloca em movimento todas as nossas ambições. Ele talvez seja chorado um ano depois, quando perturbações afligirem a pátria; mas, num primeiro momento, não será lamentado; suas vontades derradeiras não serão levadas em consideração.

~

Os conquistadores precisam conhecer o mecanismo de todas as religiões e dialogar com todas elas. Eles precisam ser muçulmanos no Egito, católicos na França; o que entendo por isso: ser protetores.

~

Governamos melhor os homens por seus vícios do que por suas virtudes.

~

Fazemos bem apenas o que fazemos por nós mesmos.

Dar convenientemente é honrar; dar muito é corromper.

A severidade mais previne faltas do que as reprime.

*Aos prefeitos:*
Os senhores só me enviam notas insignificantes sobre os funcionários de seus departamentos. O que desejo saber é se existe alguém que não esteja no lugar certo e que eu possa encaminhar para os grandes encargos do Estado. Difícil é utilizar os homens no trabalho que melhor lhes convém, e não ao acaso. Vocês estão aí justamente para me indicar as injustiças, as mudanças que seria conveniente efetuar num sentido ou no outro. Não deixem de me fornecer relatórios detalhados sobre o caráter e os talentos de cada funcionário.

A melhor maneira de manter sua palavra é nunca dá-la.

Não devemos refrear ou perseguir as imperfeições que não são nocivas.

É preciso saber perdoar e não permanecer numa atitude hostil e azeda, reconhecer as fraquezas humanas e curvar-se a elas em vez de combatê-las.

∾

Desprezo a ingratidão como o pior defeito do coração.

∾

Um homem de guerra precisa ter tanto caráter quanto espírito. Os homens que têm muito espírito e pouco caráter são os menos adequados, como um navio que tem os mastros desproporcionais no lastro; mais vale muito caráter e pouco espírito. Os homens que têm um espírito medíocre e um caráter equilibrado quase sempre terão êxito neste ofício; é preciso tanto base quanto altura. O general que tem muito espírito, e caráter no mesmo grau, é como César, Aníbal, Turenne*, o príncipe Eugênio** e Frederico.***

∾

Um generalíssimo deve refletir várias vezes ao dia: se o exército inimigo aparecesse em meu *front*, à minha direita, à minha esquerda, o que eu faria? Se ele se descobrir em dificuldades, estará mal posicionado, não estará em situação regular, deverá corrigir-se.

∾

---

* Henri de la Tour d'Auvergne-Bouillon, visconde de Turenne (1611-1675): um dos grandes generais da França durante o reinado de Luís XIII e Luís XIV. (N.T.)
** Príncipe Eugênio ou Eugênio de Savoia-Carignano (1663-1736): exitoso general francês que serviu aos imperadores de Habsburgo, comandando o exército imperial. (N.T.)
*** Frederico Augusto I (1750-1827): fiel aliado de Napoleão nas guerras contra a Prússia e a Rússia, feito rei da Saxônia e duque de Varsóvia por este. (N.T.)

Leia e releia as campanhas de Alexandre, Aníbal, César, Gustavo, Turenne, Eugênio e Frederico; molde-se por eles: esta é a única maneira de se tornar um grande capitão e descobrir os segredos da arte da guerra. Seu gênio, iluminado por este estudo, o fará rejeitar as máximas opostas às desses grandes homens.

∽

No começo de uma campanha, precisamos meditar se devemos ou não avançar; porém, quando efetuamos a ofensiva, é preciso levá-la até o último limite. Seja qual for a habilidade das manobras numa retirada, ela sempre enfraquecerá o moral do exército, visto que, ao perder as chances de um sucesso, estas são colocadas nas mãos do inimigo. As retiradas, além disso, custam muito mais homens e equipamentos do que as ofensivas mais sangrentas; com a diferença de que, numa batalha, o inimigo perde mais ou menos o mesmo que nós, enquanto numa retirada perdemos sem que ele perca.

∽

A arte de um general de vanguarda ou de retaguarda é, sem comprometer-se, conter o inimigo, atrasá-lo, obrigá-lo a levar três ou quatro horas para fazer uma légua. Apenas a tática fornece os meios para se chegar a esses grandes resultados; ela é mais necessária à cavalaria do que à infantaria, à vanguarda ou à retaguarda do que a qualquer outra posição.

∽

Meu exército, no campo de batalha, foi menos numeroso, mas o inimigo foi pego em flagrante enquanto manobrava.

～

Na guerra, um grande desastre sempre indica um grande culpado.

*Da França e dos franceses*

Mostrei à França do que ela era capaz: que ela o faça.

~

Quando eu descobrir que uma nação pode viver sem pão, então acreditarei que os franceses podem viver sem glória.

~

Os franceses talvez sejam a única nação que, em todas as categorias da sociedade, pode estar tão intensamente unida pelo respeito à honra.

~

Nada se consegue dos franceses pela *ilusão do perigo*. Esta parece dar-lhes ânimo.

~

Na França, só se admira o impossível.

~

A França, obrigada a ser potência marítima e potência continental ao mesmo tempo, sempre terá grandes necessidades de dinheiro; ela é alvo de inveja na Europa desde Henrique IV.*

~

O povo francês não ignora que existem grandes invejas e que por muito tempo contra ele serão fomentadas dissensões tanto internas quanto externas; por isso, ele precisa se manter de maneira constante na postura que os atenienses atribuíram a Minerva: capacete na cabeça e lança em riste.

~

Nosso ridículo defeito nacional é não termos maiores inimigos de nosso sucesso e de nossa glória do que nós mesmos.

~

A Inglaterra e a França tiveram nas mãos o destino do mundo, sobretudo o da civilização europeia. Quanto mal nos causamos! Quanto bem poderíamos ter feito! Sob a escola de Pitt**, devastamos o mundo, mas para quê? A Inglaterra impôs à França 1,5 trilhão e o cobrou pelos cossacos. De minha parte, impus-lhe sete bilhões e os cobrei de suas próprias mãos, por seu Parlamento; hoje ainda, mesmo depois da vitória, é certo que ela não sucumbirá cedo ou tarde sob semelhante peso?

---

* Henrique IV (1553-1610): rei da França de 1589 a 1610, primeiro soberano francês da família Bourbon. Pai de Luís XIII e avô de Luís XIV. (N.T.)
** William Pitt (1759-1806): primeiro-ministro da Grã-Bretanha no período da Revolução Francesa, que se colocou à frente das coalizões contra a França. (N.T.)

Sob a escola de Fox*, nos teríamos entendido, teríamos realizado e mantido a emancipação dos povos, o reino dos princípios; haveria na Europa uma única frota, um único exército; teríamos governado o mundo, teríamos levado a todos a quietude e a prosperidade, pela força ou pela persuasão.
Sim, mais uma vez, quanto mal causamos! Quanto bem poderíamos ter feito!

~

Os senhores conhecem o caráter dos franceses, um pouco inconstante...

~

Todos os franceses são contestatários, turbulentos, mas não são conspiradores, menos ainda conjurados. Sua leviandade é tão arraigada, suas amizades tão repentinas, que não se poderia dizer que os desonram; elas são verdadeiros cata-ventos ao sabor dos ventos, mas esse vício, neles, não é calculado, e esta é sua melhor desculpa.

~

Todos os sistemas encontram apologistas na França.

~

A nação francesa é a mais fácil de governar quando não a tomamos às avessas; nada iguala sua compreensão rápida e fácil; ela distingue imediatamente aqueles que

---

* Charles James Fox (1749-1806): político inglês partidário da Independência Americana e da Revolução Francesa, conhecido sobretudo pela rivalidade com William Pitt. (N.T.)

trabalham para ou contra ela; sempre é preciso falar a seus sentidos, caso contrário, seu espírito inquieto a consome, ela fermenta e se exalta.

∽

Eu teria perdido vinte homens a menos na revolta de Madri se um pouco de desconfiança tivesse sido inspirada aos franceses, que, de todas as nações, é aquela que mais precisa que esse sentimento lhe seja inspirado.

∽

A primeira classe, na Inglaterra, tem orgulho. Aqui, ela tem a infelicidade de ter apenas vaidade.

∽

Contente-se com a região onde está e ache tudo bom, pois não há nada mais impertinente do que sempre falar de Paris e de grandezas que sabidamente não se poderá ter: este é um defeito dos franceses, não caia nele. A senhora só será amada e estimada quando amar e estimar a região em que está; esta é a coisa à qual os homens mais são sensíveis.

∽

Muitos de meus jovens ajudantes de ordens se tornam extravagantes quando os fazemos falar.

∽

Os franceses sempre comentam tudo.

∽

Minha confiança em todas as classes do povo de Paris não tem limites. Se estou ausente e sinto necessidade de asilo, é em Paris que vou buscá-lo. Fiz com que me fosse apresentado tudo o que se pudesse encontrar sobre os acontecimentos mais desastrosos que ocorreram em Paris nesses últimos dez anos. Preciso declarar, em defesa do povo dessa cidade, aos olhos das nações e séculos vindouros, que o número de maus cidadãos sempre foi extremamente pequeno. De quatrocentos, verifiquei que mais de dois terços eram de fora da capital; apenas sessenta ou oitenta sobreviveram à Revolução.

∼

Os salões de Paris são terríveis, com seus gracejos; isso porque quase todos, é preciso admitir, estão cheios de malícia e espírito. Neles sempre somos atacados, e é muito raro não sucumbir.

∼

Quero que os senhores saibam que, em batalhas, nos maiores perigos, sobre os mares, inclusive no meio dos desertos, sempre tenho em vista a opinião de Paris, esta grande capital da Europa, depois, no entanto, a aprovação, onipotente sobre meu coração, da posteridade.

∼

Unida, a nação francesa jamais foi vencida.

∼

Num exército francês, a maior punição é a vergonha.

Nossas tropas avançam de bom grado: a guerra de invasão lhes agrada. Uma defensiva estacionária não condiz com o gênio francês.

∽

A bravura e o amor pela glória, nos franceses, são um instinto, uma espécie de sexto sentido. Quantas vezes, no calor da batalha, parei para contemplar um jovem recruta se lançar na luta pela primeira vez! A honra e a coragem exalando por todos os seus poros.

∽

Com um aliado sincero, a França seria senhora do mundo.

∽

As guerras da Revolução enobreceram toda a nação francesa.

∽

Fiz de tudo para ver os artistas franceses apagarem a glória de Atenas e da Itália.

∽

Seria contrário aos princípios franceses recusar abrigo a homens perseguidos.

∽

A curiosidade é o caráter nacional do francês desde os gauleses.

~

Nossa leviandade e nossa inconsequência vêm de longe; continuamos sendo gauleses. Valeremos aquilo que somos apenas quando substituirmos os princípios pela turbulência, o orgulho pela vaidade e o amor às instituições pelo amor aos lugares.

~

O povo francês tem duas paixões igualmente fortes que parecem opostas e que, no entanto, têm origem no mesmo sentimento: o amor pela igualdade e o amor pelas distinções. Um governo só consegue satisfazer a essas duas necessidades através de uma justiça extremada; é preciso que a lei e a ação do governo sejam iguais para todos; que honras e recompensas recaiam sobre homens que, aos olhos de todos, pareçam os mais merecedores.

~

O mais belo título do mundo é nascer francês; título concedido pelos céus, que ninguém na Terra deveria ter o poder de retirar. De minha parte, eu gostaria que um francês de origem, mesmo vivendo há dez gerações no estrangeiro, ainda fosse francês se assim o quisesse. Se ele se apresentasse na margem oposta do Reno, dizendo "Quero ser francês", eu gostaria que sua voz fosse mais forte do que a lei, que os estandartes se abaixassem à sua frente e que ele voltasse, triunfante, para o seio da mãe comum.

~

O Imperador observou que nós, os franceses, se temos menos energia do que os romanos, temos maior correção; não nos teríamos entregue à morte como eles sob os primeiros imperadores, mas não demonstraríamos todas as torpezas e servilismos vistos sob os últimos. "Mesmo em nossos momentos mais corrompidos, nossa baixeza", disse ele, "não deixava de estar dentro de certos limites."*

~

O senhor se lembra que meu desejo é que a Escola Politécnica custe pouco. É perigoso dar aos franceses que não têm fortuna conhecimentos vastos demais em matemática.

~

É do caráter francês exagerar, se queixar e deturpar tudo quando está descontente.

~

O caráter distintivo de nossa nação é ter intensidade demais na prosperidade.

~

Na posição em que me vejo [1814], só encontro nobreza na canalha que negligenciei e canalhice na nobreza que forjei.

---

* Excerto do *Memorial de Santa Helena*, escrito pelo conde de Las Cases, que por dezoito meses acompanhou Napoleão. Quem escreve, portanto, é Las Cases, e não Napoleão. O Imperador aqui citado é o próprio Napoleão. (N.T.)

*Conversa com os delegados das Câmaras de Comércio:*

Sei o que os senhores falam, em suas famílias e entre vocês, sobre minha política, sobre minhas leis, sobre minha pessoa. "Ele só conhece o ofício de soldado, nada entende de comércio, e não tem ninguém à sua volta para ensinar-lhe o que desconhece. Suas medidas são extravagantes e causaram nossa presente ruína." Vocês, que dizem isso, é que nada entendem do comércio e da indústria. Em primeiro lugar, a causa da atual ruína não sou eu, são vocês. Os senhores acreditaram poder fazer fortuna em um dia, como às vezes é possível na guerra quando se ganha uma batalha. Mas na indústria não é assim: nos tornamos ricos trabalhando a vida inteira, agindo sensatamente, somando ao produto de nosso trabalho o acúmulo de nossas economias. No entanto, entre os senhores, alguns quiseram especular sobre as bruscas variações de preço das matérias-primas e várias vezes erraram; em vez de fazerem sua própria fortuna, fizeram a de terceiros. Outros quiserem fabricar dez varas de tecido quando só tinham saída para cinco e perderam onde poderiam ter ganhado. É culpa minha se a avidez perturbou o senso de muitos dentre os senhores?

Franceses!

Finalmente a tendes, por inteiro, esta paz que merecestes com tão longos e generosos esforços!

O mundo oferece-vos não mais do que nações amigas; em todos os mares se abrem, para vossos navios, portos hospitaleiros.

[...] À glória dos combates façamos suceder uma glória mais doce para os cidadãos, mais temível para nossos vizinhos. Aperfeiçoemos, mas sobretudo ensinemos as gerações vindouras a amar nossas instituições e nossas leis. Que elas aumentem a igualdade civil, a prosperidade nacional! Levemos para as oficinas de agricultura e de artes este ardor, esta constância, esta paciência que em todas as nossas difíceis circunstâncias surpreenderam a Europa. Reunamos aos esforços do governo os esforços dos cidadãos para enriquecer e fecundar todas as partes de nosso vasto território. Sejamos o bem e o exemplo dos povos que nos cercam.

Que o estrangeiro, atraído para o nosso meio por curiosidade, nele fique, preso pelo charme de nossos costumes, pelo espetáculo de nossa união, de nossa indústria e pelo atrativo de nossos prazeres; que ele volte para sua pátria como mais um amigo do nome francês.

∼

Se ainda restam homens atormentados pela necessidade de odiar seus concidadãos, ou azedos com a lembrança de suas perdas, outras paragens os aguardam; que eles ousem nelas buscar riquezas e esquecimento para seus infortúnios e desgostos. Os olhos da pátria os seguirão; ela secundará sua coragem; um dia, felizes com seus trabalhos, eles voltarão para seu seio, dignos de serem cidadãos de um Estado livre e restabelecidos do delírio das perseguições.

∼

Madame de Montholon perguntou quais eram as melhores tropas:
— Aquelas que vencem batalhas, Madame — respondeu o Imperador. — Além disso — acrescentou —, elas são

caprichosas e imprevisíveis como as senhoras. As melhores tropas foram as dos cartagineses comandados por Aníbal, dos romanos por Cipião\*, dos macedônios por Alexandre, dos prussianos por Frederico.

No entanto, ele acreditava poder afirmar que os franceses eram os mais fáceis de tornar os melhores e mantê-los assim.

– Com minha guarda completa, de quarenta a cinquenta mil homens, serei forte o suficiente para cruzar toda a Europa. Talvez consigam reproduzir algum equivalente a meu exército da Itália e meu exército de Austerlitz; porém, com certeza, jamais algo que os ultrapasse.\*\*

∽

Eu quis que o título de francês fosse o mais belo, o mais desejado do mundo; que todo francês viajando pela Europa se acreditasse e se encontrasse em casa.

---

\* Públio Cornélio Cipião Africano (236-183 a.C.): cônsul romano, conquistador da Espanha, da África e da Ásia Menor. (N.T.)
\*\* Excerto do *Memorial de Santa Helena*, escrito pelo conde de Las Cases. (N.T.)

# O autoritário e o político

Os homens gostam de ser surpreendidos.

~

Os ambiciosos secundários só têm ideias mesquinhas.

~

Aos olhos dos fundadores de impérios, os homens não são homens, mas instrumentos.

~

Existe um único segredo para governar o mundo, que é ser forte, pois na força não existe erro ou ilusão; ela é a verdade manifesta.

~

Em matéria de governo, cúmplices são necessários; sem eles a obra não seria concluída.

~

Em matéria de sistema, sempre é preciso se reservar o direito de rir no dia seguinte de suas ideias da véspera.

~

Existem vícios e virtudes apropriados.

~

Quando queremos nos meter a governar, precisamos saber aceitar as consequências, saber nos deixar assassinar, se necessário.

~

Um trono não passa de uma tábua forrada de veludo.

~

Nós nos despopularizamos tanto por uma ninharia quanto por um golpe de Estado; quando conhecemos a arte de reinar, só colocamos em jogo nosso crédito por uma boa causa.

~

O grande soberano é aquele que prevê os resultados a todo momento.

~

A boa política é fazer crer aos povos que eles são livres; o bom governo é torná-los felizes como eles querem sê-lo.

~

O povo é o mesmo em toda parte. Quando douramos seus grilhões, ele não detesta a servidão; contudo, se os vê a descoberto, por entre os farrapos de sua miséria, ele se agita, quer rompê-los, com insolência consegue fazê-lo, e sua ambição esmaga os monarcas mais fracos.

É mais garantido ocupar os homens e enchê-los com disparates do que com ideias justas.

Só existem duas forças no mundo: a espada e o espírito. Entendo por espírito as instituições civis e religiosas... A longo prazo, a espada sempre é vencida pelo espírito.

Os senhores sabem o que mais admiro no mundo? A impotência da força para organizar o que quer que seja.

Não existe despotismo absoluto, apenas relativo; um homem não poderia impunemente absolver outro. Se um sultão corta cabeças por capricho, facilmente perderá a sua, e pelo mesmo motivo. O excesso precisa sempre escoar para um lado ou outro; quando o oceano invade uma porção de terra, perde outra alhures.

A indecisão de princípios nos governos é o mesmo que a paralisia no movimento dos membros.

Um governo comum atende os interesses de todos; um grande governo os antecipa.

∽

A base de toda autoridade está no proveito daquele que obedece.

∽

Aqueles que não sabem aproveitar as circunstâncias são tolos.

∽

Os homens são aquilo que queremos que sejam.

∽

Alguns atribuíram à sorte meus maiores atos e não deixarão de imputar meus reveses às minhas falhas; porém, se eu colocasse minhas campanhas no papel, ficariam surpresos de ver que, nos dois casos, e sempre, minha razão e minhas faculdades só são exercidas em conformidade com princípios.

∽

O homem superior não segue os passos de ninguém.

∽

Quando um homem está à altura de sua sorte, ela nunca o pega desprevenido e, por mais surpreendentes que sejam seus favores, ela o encontra preparado.

∽

É preciso evitar menos o erro do que a autocontradição; é sobretudo através desta segunda falha que a autoridade perde sua força.

∽

Em política, um absurdo não é um obstáculo.

∽

É preciso salvar os povos, apesar deles próprios.

∽

Três quartos da humanidade só se ocupam de coisas necessárias quando é inevitável, mas, justamente então, não há mais tempo.

∽

Do triunfo à queda é apenas um passo.

∽

Vi, nas mais importantes conjunturas, que um detalhe sempre decide os maiores acontecimentos.

∽

O coração de um homem de Estado deve estar em sua cabeça.

∽

Bem analisada, a liberdade política é uma fábula combinada, imaginada pelos governos para acalmar os governados.

∽

Existem tantas leis que ninguém está isento de ser enforcado.

∽

O que é a popularidade, a simpatia? Quem foi mais popular, mais simpático que o infeliz Luís XVI? Mesmo assim, qual foi seu destino? Ele pereceu. Porque é preciso servir o povo com dignidade e não se preocupar em agradá-lo: a melhor maneira de ganhá-lo é fazer-lhe o bem. Não há nada mais perigoso do que adulá-lo: se não recebe imediatamente o que quer, ele se irrita e pensa que lhe faltaram com a palavra; e se, então, lhe resistirem, ele odeia ainda mais, dizendo-se enganado. O primeiro dever do príncipe é, sem dúvida, fazer o que o povo quer, mas o que o povo quer quase nunca é o que ele diz: sua vontade e suas necessidades estão menos em sua boca do que no coração do príncipe.

∽

Quando quer, um soberano não evita a guerra; e quando é forçado a ela, deve se precipitar para ser o primeiro a desembainhar a espada e atacar viva e prontamente, caso contrário toda vantagem estará do lado do agressor.

∽

As guerras inevitáveis são sempre justas.

∽

Não existe mais direito internacional na Europa: trata-se apenas de abater uns aos outros como cães.

É preciso convir que as *verdadeiras verdades* são difíceis de descobrir através da história. Felizmente a maioria delas é antes objeto de curiosidade que de real importância. Existem tantas verdades!... A de Fouché e demais conspiradores do gênero, por exemplo, e a de muitas pessoas honestas, inclusive, será muitas vezes bastante diferente da minha. Esta verdade histórica tão exigida, que todos se apressam a invocar, quase sempre não passa de uma palavra: ela é impossível no próprio momento dos acontecimentos, no calor das paixões em luta; e se, mais tarde, houver concordância, é porque os interessados e os oponentes estão mortos. O que é, portanto, esta verdade histórica na maior parte do tempo? Uma fábula combinada.

As grandes assembleias podem ser reduzidas a conluios, e os conluios ao ódio.

As facções se enfraquecem pelo medo que sentem das pessoas capazes.

Uma vez em marcha, o povo não pode ser detido.

Os homens que mudaram o mundo nunca o fizeram mudando os dirigentes, mas sempre agitando as massas.

∼

    Um homem à frente de uma facção fraca, durante as perturbações de um país, é chamado de líder dos rebeldes; porém, depois que foi vitorioso, que empreendeu grandes ações e elevou seu país e a si mesmo, é chamado de general, soberano etc. O sucesso lhe dá esse título. Se tivesse sido malsucedido, se tivesse continuado líder dos rebeldes, talvez tivesse morrido no cadafalso. É o sucesso que faz o grande homem.

∼

    Em política, há casos de que só se pode sair cometendo faltas.

∼

    A virtude política é um contrassenso.

∼

    O código de salvação das nações não é o mesmo dos indivíduos.

∼

    Os grandes oradores que dominam as assembleias com o brilho de suas palavras são, em geral, os políticos mais medíocres; não se deve combatê-los com palavras, pois eles sempre terão outras, mais pomposas do que as nossas; é preciso contrapor à sua eloquência um raciocínio estreito, lógico: a força deles está na falta de clareza; é preciso trazê-los à realidade dos fatos, já que o concreto os aniquila.

∼

O povo torna-se passível de julgamento quando não ouve os declamadores: os advogados jamais salvarão coisa alguma e sempre perderão tudo.

∼

É raro uma assembleia fazer uso da razão: rápido demais ela se deixa levar pela paixão.

∼

Onde houver um centro de poder incontestável, haverá homens para exigi-lo para si.

∼

Leis de circunstância são abolidas por novas circunstâncias.

∼

Apesar de todos os seus horrores, as revoluções não deixam de ser as verdadeiras causas da regeneração dos costumes públicos.

∼

A opinião pública é uma força invisível, misteriosa, à qual nada resiste: nada é mais cambiante, vago e forte do que ela; caprichosa do jeito que é, mesmo assim é verdadeira, razoável e justa, muito mais vezes do que se pensa.

∼

Nenhuma constituição continuou igual a como foi criada. Sua evolução está sempre subordinada aos homens e às circunstâncias. Se um governo forte demais tem seus inconvenientes, um governo fraco tem muito mais. Todo dia somos obrigados a violar as leis positivas; não podemos agir de outra forma; sem isso seria impossível prosseguir. Mandei prender Beaumont e duzentas pessoas no Oeste, contrabandistas de grãos etc. Não houve um único ministro que não pudesse ser acusado. O governo não pode ser tirano porque não tem, para apoiá-lo, sistema feudal, intermediários ou preconceitos. No dia em que o governo for tirânico, ele perderá a opinião pública, estará perdido. Ele precisará de um Conselho Extraordinário para os casos não previstos; o Senado será muito adequado para isso. Precisei me queixar dos males causados a um francês em Veneza; exigi reparação; opuseram-me as leis: ameacei acabar com elas e evoquei o Conselho dos Dez, os inquisidores etc. Os inquisidores deram um jeito de me satisfazer.

∼

O governo precisa ser posto à prova continuamente.

∼

Os grandes poderes morrem de indigestão.

∼

Os governos de equilíbrio só são bons em tempos de paz.

∼

Vocês não foram prudentes nesse assunto; não é adequado uma potência imaginar que estarei desprevenido. Várias medidas nada significam e causam sensação.

Não se governa uma nação com meias medidas; é preciso força, continuidade e unidade nos atos públicos.

Suas proclamações ao povo de Nápoles não parecem as de um senhor. Você não ganha nada falando demais. Os povos da Itália e, em geral, todos os povos, se não reconhecem um senhor, ficam propensos a rebeliões e motins. Se você não se fizer temer desde o início, sofrerá infortúnios.

O príncipe deve desconfiar de tudo.

Quando uma deplorável fraqueza e uma sensibilidade infinita se manifestam nos conselhos do poder; quando, cedendo sucessivamente à influência das facções contrárias e vivendo de um dia para outro, sem plano fixo, sem avanço certo, ele demonstra a medida de sua incompetência, e os cidadãos mais moderados são obrigados a admitir que o Estado não está mais sendo governado; quando, por fim, à sua incapacidade interna, a administração soma o erro mais grave que pode fazer aos olhos de um povo orgulhoso – quero dizer o aviltamento externo, enquanto se espalha uma inquietação imprecisa pela sociedade –, então a necessidade de sua conservação a agita, e, conduzindo para si mesma seus olhares, ela parece procurar um homem que possa salvá-la.

Esse gênio tutelar, uma nação sempre o encerra em seu seio; porém, às vezes, ele demora a surgir. De fato, não basta que exista; é preciso que seja conhecido; é preciso que ele mesmo se conheça. Até então, todas as tentativas serão vãs, todas as manobras impotentes; a inércia do grande número protege o governo nominal, e, apesar de sua imperícia e fraqueza, os esforços de seus inimigos não prevalecem contra ele. No entanto, quando este salvador, impacientemente esperado, dá de repente um sinal de sua existência, o instinto nacional o percebe e conclama. Os obstáculos desaparecem perante ele, e todo o grande povo, de pé à sua passagem, parece dizer: "Ele chegou!".

∼

Eis o poder da unidade e da concentração: são atos próprios a atingir o último dos últimos. A França, entregue aos conflitos de muitos, estava perecendo sob os golpes da Europa reunida; ao colocar o leme nas mãos de um único homem, eu, imediatamente, Primeiro Cônsul, levo a lei a toda a Europa.

Foi um espetáculo singular ver os velhos gabinetes da Europa não julgarem a importância de semelhante mudança e continuarem a se comportar em relação à unidade e à concentração como tinham feito com o múltiplo e a desordem. Não menos notável foi Paulo*, que passou por louco, por ter sido o primeiro, das profundezas de sua Rússia, a perceber esta diferença; o ministério inglês, considerado tão hábil e experiente, foi o último. "Deixo de lado as abstrações de vossa evolução", escreveu-me Paulo, "me atenho a um fato, ele me basta: a meus olhos o senhor é um governo, e me dirijo ao senhor porque podemos nos entender e porque posso negociar."

---

* Paulo I (1796-1801): imperador da Rússia. (N.T.)

∼

Em última análise, é preciso ser militar para governar: só é possível guiar um cavalo com botas e esporas.

∼

Um governo coletivo tem ideias menos simples do que outro, demora mais para se decidir.

∼

O poder absoluto não precisa mentir, ele se cala. O governo responsável, obrigado a falar, disfarça e mente de forma descarada.

∼

A bondade de um rei deve sempre ser majestosa, e não como a de um monge. Um rei ordena e não pergunta nada a ninguém; ele é considerado a fonte de todo poder e tem meios para não recorrer à bolsa dos outros... Um príncipe que, no primeiro ano de seu reinado, passa por ser um homem bom, é um príncipe de quem todos gozarão num instante. O amor inspirado pelos reis deve ser um amor viril, mesclado de respeitoso temor e grande estima. Quando dizem que um rei é um homem bom, trata-se de um reinado fracassado.

∼

Os homens superiores enxergam do alto e, por isso, acima das facções.

∼

Richelieu* teve o privilégio único de tornar úteis ao Estado tanto suas paixões quanto seus talentos, tanto seus vícios quanto suas virtudes.

∽

Há um princípio ao qual um governo não pode se rebaixar: ceder a qualquer potência um palmo de terreno constitucionalmente reunido; por motivos ainda mais fortes, não cederei a terra de Sévigné [na Suíça], que é da antiga França. Trata-se de aplicar os princípios que derivam dos direitos do homem e do cidadão.

∽

Todos os nossos filósofos modernos, nossos sábios dos discursos, nossos pretensos republicanos, vociferaram contra os conquistadores; é pela conquista, no entanto, que se devolveu e devolverá a liberdade às nações.

∽

Aquele que salva sua pátria não viola nenhuma lei.

∽

No sistema de poder absoluto, basta uma vontade para destruir um abuso; no sistema de assembleias, são necessárias quinhentas.

∽

Um usurpador teve mestres demais para não começar pelo absolutismo.

---

* Richelieu (1585-1642): cardeal que foi ministro de Luís XIII. (N.T.)

~

Eu serei o Brutus dos reis e o César da República.

~

A democracia promove a soberania, a aristocracia apenas a conserva.

~

Não cabe a um incidente comandar a política, mas sim à política comandar os incidentes.

~

Quando, num governo, o rei, os grandes do reino e o povo compartilham a autoridade, e um desses três poderes não é absoluto, revoluções frequentes agitam o Estado. Mencionarão a Inglaterra e os Estados Unidos; mas estas são repúblicas modernas, e elas acabarão, como todas as demais, a se atribuir um senhor.

~

Jamais as assembleias reuniram prudência e energia, sabedoria e vigor.

~

Tenho uma opinião medíocre de um governo que não tem o poder de proibir as coisas capazes de desagradar aos governos estrangeiros.

∼

Nada funciona num sistema político em que as palavras não condizem com as coisas.

∼

Este é o destino inevitável desses corpos numerosos [as Câmaras]: perecer por falta de unidade. Eles precisam de líderes tanto quanto nos exércitos; nestes eles são nomeados, mas os grandes talentos, os gênios eminentes, superiores, apoderam-se das assembleias e as governam.

∼

Não me deixo impressionar por reputações. Estimo os antigos serviços apenas como escola na qual se deve ter aprendido a melhor servir. Em pouco tempo, eu me tornei um velho administrador; a arte mais difícil não é escolher os homens, mas dar aos homens que escolhemos todo o valor que eles podem ter.

∼

Devemos destituir aquele que não podemos mais recompensar.

∼

A indecisão e a anarquia nas causas levam à anarquia e à fraqueza nos resultados.

∽

A verdadeira sabedoria das nações é a experiência.

∽

Dezenove de cada vinte governantes não acreditam na moral, mas têm interesse em que confiem que eles fazem bom uso de seu poder; é o que torna as pessoas crédulas.

∽

Os homens são como os números: só adquirem valor por sua posição.

∽

Coloque um trapaceiro em evidência, e ele agirá como um homem honesto.

∽

Tornamo-nos o homem de nosso uniforme.

∽

A França é o país onde os líderes têm menos influência: apoiar-se neles é construir na areia. Só é possível fazer coisas grandes na França apoiando-se nas massas; aliás, um governo deve procurar seu ponto de apoio no lugar em que está.

∽

Num governo, não são os pequenos que devem ser vigiados, mas os grandes; é para estes últimos que é importante dirigir toda a atenção. Cessando de refrear os grandes, em pouco tempo eles dominarão o soberano. Por que se preocupar tanto com o rico? O rico tem todas as vantagens da sociedade; sua posição de fortuna o protege ao extremo. A força, o futuro de um governo, o poder de um trono estão nos pequenos, e os perigos que podem ameaçá-los estão nos grandes. Soberanos, protegei portanto os pequenos, se quiserdes que por sua vez eles vos protejam.

～

Não há nada pior do que pessoas honestas durante crises políticas, quando têm sua consciência deslumbrada por falsas ideias.

～

Uma revolução é uma opinião que encontra baionetas.

～

Os tronos não podem ser consertados.

～

Não deve haver hesitação durante as grandes crises: ela muitas vezes mata, mas nunca salva. Carlos I [da Inglaterra] conseguia combater e vencer; ele hesitou e se arruinou. Hesitar significa falta de rigor e de gênio. César hesitou às margens do Rubicão, não foi ele mesmo naquele dia. Uma das grandes virtudes militares é jamais hesitar quando se precisa agir.

Regra geral: não existe revolução sem terror.

A insurreição e a emigração são doenças de pele; o terrorismo é uma doença interna.

Nas revoluções, só existem dois tipos de pessoas: as que as fazem e as que tiram proveito delas.

Existem revoluções inevitáveis. Elas são erupções morais, como as erupções físicas dos vulcões. Quando as combinações químicas que os produzem se completam, eles explodem, da mesma forma que as revoluções, quando as combinações morais se realizam. Para preveni-las, é preciso vigiar a movimentação das ideias.

Uma revolução está encerrada quando basta se desfazer de um único homem para terminá-la.

Uma revolução é um círculo vicioso: ela parte do excesso para voltar a ele.

Não sofra quando falam mal em público dos administradores que o precederam; fale disso apenas comigo, mas me informe de tudo; punirei de maneira exemplar.

∼

Todo tipo de indulgência para com os culpados denuncia uma conivência.

∼

Não há dúvida, os prefeitos não têm o direito de distribuir insígnias às tropas. Chamem o prefeito à ordem.

∼

É sempre desagradável deixar o público perceber discussões entre os líderes das autoridades. Deve-se sempre obedecer à autoridade superior, com a condição de fazer as reclamações que forem julgadas oportunas chegarem ao governo.

∼

Aqui há pessoas que, ao menor acontecimento, não sustentarão mais sua reputação.

∼

A soberania do povo é uma das quimeras de nossos ideólogos, democratas sem energia e republicanos sem poder: nossos jacobinos, conhecidos e desmascarados, não puderam interromper a própria queda. Quanto à legitimidade das monarquias hereditárias, trata-se de uma grande questão inabordável em nossos dias; se ela pudesse ser debatida, o a favor e o contra brilhariam de maneira igual.

O governo arbitrário é o melhor e mais sólido de todos quando um rei sensato, esclarecido e firme o dirige por si mesmo. A palavra *arbitrário* parece sinônimo de despótico. Ela deriva, no entanto, de *arbítrio*: todos os dias, os que zelam por uma liberdade sem limite fazem, em suas contestações, apelo ao arbítrio.

Só é possível fundar algo através da espada.

*17 de março de 1821*

Não é a fraqueza, é a força que me sufoca, é a vida que me mata.

Novo Prometeu, estou preso a uma rocha e um abutre me devora. Sim, eu tinha roubado o fogo dos céus para levá-lo à França: o fogo voltou para sua fonte, e aqui estou! O amor da glória se assemelha à ponte que Satã colocou sobre o caos para passar do inferno ao paraíso: a glória une o passado ao futuro, que estão separados por um imenso abismo. Nada resta a meu filho além de meu nome!

*Como organizar a nação?*

A França abunda em homens práticos muito capazes; o importante é encontrá-los e dar-lhes meios para serem bem-sucedidos. Este trabalha no arado e deveria estar no Conselho de Estado; aquele é ministro e deveria trabalhar no arado.

∽

As leis só são boas quando as fazemos funcionar.

∽

Tenho uma má opinião de um governo cujos éditos são todos ditados pelo pedantismo. Fazer com que cada édito tenha o estilo e o caráter do especialista é uma arte.

∽

Um governo, chamando a si todas as inteligências, age em seu próprio interesse e trabalha para a consolidação do edifício social. Todos os cidadãos devem se interessar pela segurança do Estado. A submissão não deve ser consequência da ignorância ou da estupidificação.

∽

A suscetibilidade de um governo revela sua fraqueza.

~

É preciso administrar para as massas, sem se preocupar se isso agrada a tal senhor ou cidadão. Se nos comportamos de maneira a não melindrar nenhuma facção, nos mantemos num equilíbrio absurdo, descontentamos a universalidade, os indivíduos entre os quais sempre se encontra o senso do direito; é o consentimento da massa que torna a opinião pública soberana.

~

Um Estado encontra-se melhor com ministros medíocres que permanecem no cargo do que mudando frequentemente de ministros, mesmo que estes sejam grandes espíritos.

~

Na França, há influência central demais; eu gostaria de menos força em Paris e mais em cada aldeia.

~

É preciso demonstrar mais caráter na administração do que na guerra.

~

Os honorários dos empregados precisam permitir-lhes uma representação análoga à importância de suas funções. Os franceses precisam manter sempre a atitude que convém aos representantes da primeira nação do mundo.

~

Um funcionário francês deve causar inveja em toda parte, nunca piedade!

∼

Não tenho a intenção de cair no erro dos homens de sistemas modernos, julgando-me, por mim mesmo e por minhas ideias, a sabedoria das nações. A verdadeira sabedoria das nações é a experiência.

∼

Só é possível ser um bom conselheiro depois de uma carreira consolidada. É por isso que eu mesmo enviei meus conselheiros de Estado para viajar em vez de mantê-los perto de mim. Fiz com que acumulassem observações variadas antes de escutar as deles.

∼

Os inspetores, portanto, são nesse momento meus trabalhadores mais importantes. É através deles que posso ver e tocar toda a máquina. Eles relatam muitos feitos e experiências, e esta é a grande necessidade. É preciso, portanto, fazê-los percorrer livremente toda a França e recomendar-lhes que passem pelo menos quinze dias nas grandes cidades. Os bons julgamentos não passam do resultado de repetidas análises.

∼

A instituição de uma nobreza nacional não é contrária à igualdade; ela é necessária para a manutenção da ordem social; nenhuma ordem social pode ser fundada sobre a lei agrária; o princípio de propriedade e de transmissão por contrato de venda, doação entre vivos ou por ato testamentário é um princípio fundamental que não é contrário à igualdade. Desse princípio se origina a convenção de transmitir de pai para filho a memória dos serviços prestados ao Estado. A fortuna às vezes pode ser adquirida por meios vergonhosos e criminosos. Os títulos adquiridos por serviços prestados ao Estado sempre provêm de uma fonte pura e honorável; sua transmissão à descendência não passa de justiça.

~

A hereditariedade da nobreza acaba com a competição de nobres e burgueses.

~

O poder absoluto reprime as ambições e as escolhe; a democracia desencadeia todas elas sem controle.

~

A democracia pode ser furiosa, mas ela tem entranhas, é impressionável. Para a aristocracia, ela é sempre fria e não perdoa jamais.

~

A disciplina só dura quando é adequada ao caráter da nação.

~

Com os práticos, não é fácil conseguir simplicidade: as formalidades do Conselho de Estado impediram muitas simplificações.

~

Nossa jurisprudência é um quadro de marchetaria. Ela não decorre de um princípio geral.

~

Interpretar a lei é corrompê-la; os advogados matam as leis.

~

Razões muito fortes foram alegadas a favor e contra a instituição dos jurados; porém, não se pode negar que um governo tirânico teria muito mais vantagens com jurados do que com juízes, que estão menos à sua disposição e que sempre lhe oporão mais resistência. Os tribunais mais terríveis também tinham jurados. Se tivessem sido compostos por magistrados, os costumes e as formas teriam sido um baluarte contra as condenações injustas e arbitrárias. O rigor que o exercício contínuo dessas funções pode causar é de pouco se temer quando o processo é público, quando há defensores e debates.

~

Nada obriga a escolher os jurados na massa inteira da população. Por que essa mistura que, associando homens sem luzes a homens instruídos, desagrada a estes últimos?

~

Juízes ambulantes que às vezes se reúnem são instrumentos mais úteis do que juízes sedentários. Será possível dizer que na França há um governo, quando vemos a justiça ser feita em meio a uma turba de procuradores e advogados que dirigem a opinião pública e através dela inspiram terror aos juízes e às testemunhas?

∼

Não vemos juízes, inclusive do Tribunal de Cassação, jantando na casa dos advogados e tendo com eles hábitos de sociedade que destroem o respeito devido à magistratura e à sua independência moral? Um pretor ambulante que chega ao local onde deve manter sessão não será tão facilmente influenciado e sobretudo intimidado; na prefeitura, um pequeno apartamento o receberá; ele não poderá se hospedar em outro lugar e jantar na casa de quem quer que seja.

∼

Os grandes funcionários da ordem judiciária estão dispersos demais; não conheço os presidentes de justiça criminal da Provença ou do Languedoc, como também não sou muito conhecido, de modo que tenho sobre eles pouquíssima autoridade: se eu tivesse, pelo contrário, trinta pretores criminais em Paris, eu os conheceria e os enviaria para esta ou aquela direção, dependendo de seu caráter... Eles seriam menos tímidos do que os juízes atuais que, sendo da região, não ousam fazer uso da severidade de suas funções.

∼

Não devemos nos enredar, na instituição de um novo governo, com leis detalhadas demais; as constituições são obra do tempo, nunca é demais deixar uma via ampla o suficiente para melhoramentos.

∽

O corpo legislativo deve ser formado por indivíduos que, depois de seu tempo expirado, possam viver de sua fortuna sem receber um cargo. Agora, a cada ano, sessenta legisladores vão embora sem que se saiba o que fazer com eles; aqueles que não recebem cargos levam seu descontentamento para seus departamentos.

∽

Eu gostaria que os proprietários fossem idosos, casados de alguma forma com o Estado por suas famílias ou profissões, ligados por algum laço à coisa pública. Esses homens viriam todos os anos para Paris, falariam com o Imperador, frequentariam seu círculo, ficariam contentes com este pequeno luar de glória lançado na monotonia de suas vidas.

∽

Convém que funcionários públicos que não os contadores possam ser membros do corpo legislativo.

∽

Quando uma guerra é iniciada, a presença de um corpo deliberante é tão incômoda quanto funesta. Ele precisa de vitórias. Se o monarca sofre reveses, o terror se apodera das pessoas tímidas e as torna, sem elas se darem conta, instrumentos e cúmplices de homens audaciosos. O medo do perigo, a vontade de escapar-lhe perturba todas as mentes. A razão não representa mais nada; as sensações físicas são tudo. Os turbulentos, os ambiciosos, ávidos de escândalo, de popularidade, de dominação, erigem-se por sua própria autoridade em advogados do povo, em conselheiros do príncipe, eles querem saber tudo, regular tudo, dirigir tudo. Se seus conselhos não são ouvidos, de conselheiros eles se tornam censores, de censores, facciosos, de facciosos, rebeldes. É preciso então que o príncipe ou se submeta a seu jugo, ou que os expulse, e, em ambos os casos, ele quase sempre compromete sua coroa e o Estado.

∽

Almejo um corpo de instrução pública que seja um viveiro de professores, reitores e mestres de ensino e que grandes incentivos de emulação lhes sejam dados; é preciso que os jovens que se dedicarem ao ensino tenham a perspectiva de elevar-se de grau em grau até as primeiras posições do Estado.

∽

É preciso estabelecer no ensino o princípio do celibato, no sentido de que os mestres de ensino só poderão se casar com 25 ou 30 anos, quando receberem uma remuneração de três ou quatro mil francos e tiverem feito economias suficientes: trata-se apenas da aplicação de uma previdência usual em todas as classes da sociedade quanto ao casamento.

∽

Quero constituir a ordem civil na França; até o momento, só houve no mundo dois poderes: o militar e o eclesiástico.

∽

É preciso que os presidentes dos grandes tribunais sejam pessoas eminentes; o atrativo de um grande poder e de uma grande consideração impedirá a antipatia filosófica que, em alguns países, afasta as pessoas abastadas dos cargos e deixa o governo aos imbecis e conspiradores.

~

Não compreendo a espécie de fanatismo que algumas pessoas sentem contra os frades ignorantinhos*, é um verdadeiro preconceito; em toda parte me pedem seu restabelecimento, grito geral que demonstra suficientemente a utilidade deles... A mínima coisa que pode ser pedida a favor dos católicos é sem dúvida a igualdade, pois trinta milhões de homens merecem a mesma consideração que três milhões.

~

Compreendo que tenha havido desconfiança para com os sacerdotes católicos durante a Revolução, pois eles estavam descontentes, mas hoje que o governo os incorporou, com habilidade e favores, deve-se mudar a conduta em relação a eles; os sacerdotes católicos portam-se muito bem e são de imensa ajuda; eles foram a causa do recrutamento deste ano ter sido muito melhor que o dos anos anteriores; os costumes se aperfeiçoaram pela influência deles; através deles a calma e a tranquilidade foram restabelecidas.

~

Há algo a ser mudado na autoridade que alguns propõem seja atribuída à Universidade sobre os livros: ela não

---

* Ignorantinho: frade da ordem de São João de Deus, que prestava assistência aos pobres e doentes. (N.T.)

deve poder se arrogar nenhum poder repressivo sobre obras que pareçam fora de sua alçada; seu direito se limitará a responder a elas, a colocá-las no índex da Universidade e a punir os professores que as usarem para dar aulas; esses meios serão suficientes para impedir que a juventude seja infectada com mil erros e lançada em heresias científicas ou literárias. Não serão ensinadas, por exemplo, as marés do senhor Bernardin de Saint-Pierre, cujo sistema revela a mais vergonhosa ignorância no assunto, inclusive nos mais simples elementos de geometria; o autor deveria ter sido expulso do Instituto por ter se metido a escrever sobre as harmonias da natureza e sobre mil outras coisas de que não entende.

~

*Conversa com Ségur:*

E desde quando, senhor, o Instituto se permite transformar-se numa assembleia política? Que ele faça versos, que critique os erros da língua, mas que não saia do domínio das Musas; pois eu saberei fazê-lo voltar a ele.

~

Consinto que o dirigente do Banco da França seja chamado de "governador", se isso lhe der prazer, pois títulos não custam nada.

Também consinto que sua remuneração seja tão alta quanto quiserem, pois é o Banco que deverá pagá-la; pode ser fixada, se quiserem, em sessenta mil francos. Quanto à proposta de exigir que o governador esteja isento de julgamento, penso que, independentemente do partido, dificilmente se conseguirá impedir que os dirigentes do Banco abusem do conhecimento que terão sobre as operações do governo e da movimentação de fundos.

∼

Na última crise do Banco, por exemplo, depois que o conselho dos regentes decidiu comprar moeda, vários regentes saíram, compraram moeda por conta própria e revenderam duas horas depois para o Banco com grande lucro!

∼

O Banco da França não pertence apenas a seus acionários; ele também pertence ao Estado, pois este lhe concede o privilégio de emitir moeda. A assembleia dos mais importantes acionários não passa de um corpo eleitoral semelhante aos colégios eleitorais compostos pelos maiores contribuintes. Nada seria mais funesto do que considerá-los proprietários exclusivos do Banco, pois seus interesses com frequência se opõem aos da instituição; a ação de que são portadores tem o efeito de torná-los interessante para esta instituição, como um título de propriedade fundiária interessa aos membros do colégio eleitoral pelos bens do Estado; contudo, ela nem sempre lhes dá a compreensão de seus interesses; muitas vezes acontece de o interesse do acionário ser diferente do da ação.

∼

É preciso prever os casos em que sessenta mil francos serão muito pouco para o governador do Banco: é através do dinheiro que é preciso prender os homens ao dinheiro.

∼

Quero que o Banco da França esteja o suficiente na mão do governo e não demais. Não peço que ele lhe empreste dinheiro, mas que lhe conceda facilidades para converter, a bom preço, suas receitas em épocas e locais convenientes. Não peço com isso nada de oneroso ao Banco, visto que as obrigações do Tesouro são o melhor papel que ele possa ter. Os investimentos de um governo qualquer são sempre melhores do que os investimentos de qualquer banqueiro que seja; uma grande revolução capaz de levar o Estado à bancarrota é um acontecimento que só se repete a cada dois ou três séculos, e esta bancarrota sempre leva à dos indivíduos. Mas estes entram em bancarrota com muito mais frequência... Até mesmo os banqueiros mais acreditados acabam em bancarrota, conforme testemunhado pelo senhor Récamier, que entregou no máximo dez por cento a seus credores. E ele teve a felicidade, mesmo assim, de receber visitas de condolências!

~

Não deve haver aliança entre o Banco e o Tesouro. Muitas vezes, uma simples movimentação de fundos pode levar consigo um segredo do Estado.

~

Por que não existe um espírito público na França? Porque um proprietário é obrigado a fazer a corte à administração. Se está de mal com ela, pode ser arruinado. O julgamento dos protestos é arbitrário. É o que faz com que em nenhuma outra nação esteja tão servilmente presa ao governo quanto na França, pois a propriedade é sua dependente.

∼

Um sistema de finanças consistiria em estabelecer um grande número de contribuições indiretas cuja tarifa bastante moderada seria suscetível de aumento na medida das necessidades.

∼

Não quero parecer estar apresentando uma lei para o restabelecimento das gabelas.* Não que eu temesse restabelecê-las se acreditasse que fossem úteis à nação, mas eu o faria, então, abertamente. Às vezes sou raposa, mas sei ser leão.

∼

A França precisa de grandes contribuições; elas serão estabelecidas. Quero fundar e preparar para meus sucessores recursos que possam substituir os meios extraordinários que criei para mim mesmo.

∼

Finanças baseadas numa boa agricultura jamais serão destruídas.

∼

O empréstimo é a perda das nações agrícolas e a salvação das nações manufatureiras.

∼

---

* Gabelas: impostos indiretos do Antigo Regime, bem como a administração que recebiam esses impostos, abolidos em 1790. (N.T.)

É através de comparações e exemplos que a agricultura, como todas as outras artes, se aperfeiçoa. É preciso, nos departamentos ainda atrasados em relação ao cultivo, instigar os bons proprietários a enviar seus filhos para estudar os métodos utilizados nos departamentos em que a agricultura é florescente, e eles serão instigados por elogios e distinções.

∽

Desejo fazer da França o primeiro país agrícola do mundo.

∽

A única classificação gradual da economia política, em minha opinião, é a seguinte:
1. a *agricultura*, a alma, a base primeira do Império;
2. a *indústria*, a comodidade, a alegria da população;
3. o *comércio exterior*, o excesso, o bom emprego das outras duas.

O comércio exterior, infinitamente abaixo das duas outras em seus resultados, a meu ver lhes está constantemente subordinado. Ele é feito para as outras duas; as outras duas não são feitas para ele. Os interesses dessas três bases essenciais são divergentes, muitas vezes opostos.

∽

Minha intenção é que as Missões Estrangeiras sejam restabelecidas; esses religiosos me serão muito úteis na Ásia, na África e na América; eu os enviarei para informarem-se sobre a situação do país. Seus hábitos os protegem e servem para encobrir propósitos políticos e comerciais.

Seu superior não viverá mais em Roma, mas em Paris. O clero está satisfeito e aprova esta mudança; eu lhes darei um primeiro fundo de quinze mil francos de renda. Sabemos a utilidade que tiveram os lazaristas das Missões Estrangeiras como agentes secretos da diplomacia, na China, no Japão e em toda a Ásia. Eles estão inclusive na África e na Síria; custam pouco, são respeitados pelos bárbaros e, por não terem nenhum caráter oficial, não podem comprometer o governo, causar-lhe humilhações; o zelo religioso que anima os sacerdotes os faz empreender obras e enfrentar perigos que estariam acima das forças de um agente civil.

∾

Também quero restabelecer as Irmãs de Caridade, e fazer com que a instalação delas seja feita com grande solenidade. A superiora geral residirá em Paris; toda a corporação ficará, assim, ao alcance do governo.

∾

O comércio só existe com confiança; não existe confiança sob um governo fraco; não existe confiança num país em que existem facções.

∾

Qualquer associação é um governo dentro do governo.

∾

Quero que, no projeto sobre praças e mercados, as comunas sejam tratadas com menos rigor; não se deve correr o risco de destruir o espírito municipal.

~

O sistema colonial acabou: é preciso se ater à livre navegação dos mares e a uma liberdade de troca universal.

~

O império dos mares, hoje em dia, pertence indiscutivelmente à Inglaterra. Por que, numa situação de todo nova, continuaria ela um avanço rotineiro? Por que não criaria arranjos mais lucrativos? Ela precisa imaginar uma espécie de emancipação de suas colônias; assim, poucas lhe escaparão com o tempo. Cabe a ela aproveitar o momento para garantir-se novos laços e relações mais vantajosas. Por que a maior parte dessas colônias não seria solicitada a comprar sua emancipação da pátria-mãe ao preço de uma cota da dívida geral, que se tornaria específica delas? A pátria-mãe se aliviaria de seus encargos e não deixaria de conservar todas as suas vantagens. Ela conservaria como vínculos o compromisso dos tratados, os interesses recíprocos, a semelhança de linguagem, a força do hábito; ela se reservaria, além disso, por garantia, um único local fortificado, uma enseada para seus navios à maneira das feitorias da África.

~

*Ao ministro do Interior:*

Senhor Crétet, o senhor recebeu o decreto pelo qual autorizei a Caixa de Amortização a emprestar oito milhões de francos à cidade de Paris. Suponho que o senhor esteja ocupado em tomar as medidas necessárias para que os trabalhos sejam rapidamente concluídos e aumentem as receitas da cidade. Nesses trabalhos, alguns não renderão muito e não passarão de embelezamentos. Outros, como as galerias a serem colocadas sobre os mercados, os abatedouros etc., serão de grande proveito; contudo, para isso, é preciso agir.

Os armazéns para os quais concedi fundos ainda não foram iniciados.

Acelere tudo. Esse sistema de adiantar dinheiro à cidade de Paris para aumentar suas divisões de receitas tem também o objetivo de concorrer para seu embelezamento. Minha intenção é estendê-lo a outros departamentos.

Tenho muitos canais a construir: o de Dijon até Paris, o do Reno ao Saône e o do Reno para Escaut. Esses três canais podem ser acelerados o máximo possível.

[...] Meu objetivo é fazer as coisas em sentido inverso ao da Inglaterra ou do que alguns propõem fazer. Na Inglaterra, teriam dado uma concessão para o canal de Saint-Quentin, e o governo a teria repassado a capitalistas.

Eu, pelo contrário, comecei pela construção do canal. Ele custou, acredito, oito milhões de francos. Renderá quinhentos mil francos. Portanto, não perderei nada ao vendê-lo para uma companhia pelo que ele me custou, visto que com esse dinheiro construirei outros canais.

Faça-me, por favor, um relatório sobre isso; pois, sem isso, morreremos antes de vermos navegação sobre esses três grandes canais. Aguardo sua resposta com interesse. Fiz a glória de meu reino residir na mudança da aparência do território de meu Império. A execução desses grandes trabalhos é tão necessária ao interesse de meu povo quanto à minha própria satisfação.

Também atribuo grande importância e grande ideia de glória à destruição da mendicidade. Fundos não faltam. Mas me parece que tudo avança lentamente, e, enquanto isso, os anos passam.

Estarei ausente por um mês. Tenha em 15 de dezembro uma resposta para todas essas questões; examine-as em detalhe; que eu possa, num decreto geral, dar o último golpe na mendicidade.

Não venha me pedir mais três ou quatro meses para conseguir informações. O senhor tem jovens auditores, prefeitos inteligentes, instruídos engenheiros de pontes e calçadas. Faça tudo ser acelerado e não negligencie os trabalhos cotidianos do gabinete.

∽

As noites de inverno são longas. Encham suas pastas para que possamos, durante as noites desses três meses, discutir os meios de chegar a grandes resultados.

∽

O Imperador chamava os fornecedores de lepra da nação. Ele observava que, ao chegar à frente dos negócios, eles formavam uma verdadeira potência e que eram muito perigosos para o Estado, cujas instâncias corrompiam com suas intrigas e as de seus agentes e de sua numerosa clientela. "Jamais", dizia Napoleão, "quis promover nenhum deles com honrarias: de todas as aristocracias, esta me parecia a pior."*

∽

*Carta à Imperatriz:*

Consinto que a senhora jante com banqueiros, eles são mercadores de dinheiro; porém, não quero que a senhora frequente fornecedores, eles são ladrões de dinheiro.

---

* Excerto do *Memorial de Santa Helena*, escrito pelo conde de Las Cases. (N.T.)

∼

Parece que o negócio de rendas, em Paris, é ocupação de todos, com exceção dos verdadeiros proprietários; como os supostos compradores e vendedores na verdade apenas apostam uns com os outros qual será, em tal época, o estado das cotações, cada um deles, para ganhar a vida, afirma conduzir a política de toda a Europa em direção ao objetivo que ele mesmo quer atingir; cada um inventa, comenta e demonstra os fatos, penetra no conselho, nos gabinetes dos ministros, no segredo das cortes, faz os embaixadores falarem, decide sobre a paz e a guerra, agita e afasta a opinião pública, sempre ávida de novidades e erros, sentindo que na França, quanto mais ela é enganada, mais se tem domínio sobre ela; e esta escandalosa influência não é exercida somente pela multidão de aventureiros que chamamos de agiotas; os próprios operadores financeiros, aos quais era proibida toda especulação pessoal, abusam de sua posição e fazem negócios para si próprios; muitas vezes eles se tornam adversários daqueles que chamam de seus clientes. O simples interesse da moral pública exige a repressão do abuso, e outros motivos se somam a este. Os direitos de liberdade cessam onde esses abusos começam.

∼

É preciso declarar definitivamente a tolerância dos jogos ou sua proibição. A segunda opção é a mais de acordo com a moral. É preciso, portanto, adotá-la e excetuar apenas Paris.

*Como organizar o exército?*

Quais as condições para a superioridade de um exército? Sua organização interna, a experiência de guerra do oficial e do soldado, a confiança de todos em si mesmos, isto é, a bravura, a paciência e tudo o que uma alta consciência de si proporciona de meios morais.

∾

Quando o recrutamento militar não se apresenta mais como um incômodo, mas se torna um ponto de honra sobre o qual cada um é cioso, somente então uma nação será grande, gloriosa, forte; sua existência poderá enfrentar os reveses, as invasões, os séculos.

∾

Quando uma nação não possui quadros* e um princípio de organização militar, é muito difícil organizar um exército.

∾

Não entendo como o general Rusca incorporou poloneses e desertores estrangeiros aos batalhões franceses. Recomende-lhe não mais incorporar desertores a minhas tropas; ele deve, ao contrário, criar com eles pequenas unidades.

---

* Quadros (*cadres*): o conjunto de oficiais e suboficiais que comanda os soldados de uma tropa. (N.T.)

∾

Recomendo-lhe passar todas as manhãs lendo seu estado de coisas para conhecer a localização de todas as partes de seu exército e para mobilizar as parcelas dispersas à direita e à esquerda, de forma que todas as unidades sejam reunidas; sem isso, não há exército.

∾

Os estados de coisas dos exércitos são para mim os livros de literatura mais agradáveis de minha biblioteca e aqueles que leio com mais prazer nos momentos de lazer.

∾

Nada é mais contrário às regras militares do que dar a conhecer a força de seu exército, seja nas deliberações diárias, seja nas proclamações, seja nos periódicos; quando somos levados a falar de nossas forças, devemos exagerar ao apresentá-las temíveis, duplicando ou triplicando seu número; quando falamos da força do inimigo, ao contrário, devemos diminuí-la pela metade ou um terço: na guerra, tudo é moral.

∾

Um exército que não se mobiliza acaba capitulando.

∾

Um homem que não tem consideração pelas necessidades dos soldados jamais deveria comandá-los.

∾

De todos os homens, o soldado é o mais sensível a favores.

∼

Depois que um soldado foi aviltado e desonrado pelo chicote, ele se preocupa muito pouco com a glória e a honra de seu país.

∼

O granadeiro Gobain suicidou-se por amor: ele era, aliás, um sujeito muito bom. Este é o segundo acontecimento dessa natureza que acontece no último mês.
O Primeiro Cônsul ordena que seja prescrito à Guarda: "Que um soldado deve saber vencer a dor e a melancolia das paixões; que há tanta coragem verdadeira em sofrer com constância as dores da alma quanto em permanecer sob o fogo de uma bateria de tiros; o abandono à tristeza sem resistir, matar-se para fugir dela, é o mesmo que abandonar o campo de batalha antes de ter vencido."

∼

Durante uma campanha, nenhum líder deve dormir numa casa, e deve haver uma única barraca, a do generalíssimo, por causa de seus escritos.

∼

O senhor pode empregar o general X em seu estado-maior: ele entende muito pouco de manobras militares e não tem experiência de guerra o suficiente.

∼

Não se vai procurar uma dragona num campo de batalha quando se pode recebê-la numa antecâmara.

∽

A disciplina une as tropas a suas bandeiras; não são os louvores no momento de fazer fogo que as tornam destemidas: os velhos soldados mal os ouvem, os jovens soldados os esquecem ao primeiro tiro de canhão. Se os louvores e a reflexão são úteis, é ao longo de uma campanha, para destruir mal-entendidos, falsos rumores, manter uma boa atmosfera no campo, fornecer material para as conversas das tropas acampadas.

∽

As rigorosas regras da disciplina militar são necessárias para prevenir o exército das derrotas, da destruição e principalmente da desonra: é preciso que ele considere a desonra mais terrível do que a morte. A nação recupera homens com mais facilidade do que recupera sua honra.

∽

É preciso encorajar de todas as formas os soldados a permanecerem alistados; coisa que se conseguirá com facilidade ao demonstrar grande estima pelos velhos combatentes. Também será preciso aumentar o soldo em proporção aos anos de serviço, pois é uma grande injustiça não pagar a um veterano mais do que a um recruta.

∽

Nos vinte anos em que venho conduzindo os exércitos franceses, nunca vi a administração militar mais incapaz;

não há ninguém; os que nos são enviados não têm aptidões e conhecimentos... Envie administradores a todas as forças militares... Quanto à instituição de companhias de enfermeiros, como todas as operações de administração da guerra, ela deu completamente errado. Assim que receberam fuzis e uniformes militares, eles não quiseram mais servir os hospitais. Deviam ter recebido um chapéu redondo, um fraque, um bastão branco e no máximo uma espada.

~

A mínima coisa que se pode exigir da administração é que os soldados combatam com armas iguais, este é o primeiro dever de um ministro, e nada justifica não cumpri-lo; não temos desvantagens suficientes sem contar o armamento? Quanto aos mas e poréns, eles não são suficientes. Um administrador não é responsável pelos acontecimentos. Um ministro não pode se justificar de nada; ele precisa ter êxito, não há outra regra que se aplique a ele.

~

Sua fúria de tudo regularizar bota tudo a perder. Por que não seguir a natureza das coisas, sobretudo num império tão vasto?

~

O ministro da Polícia notificará a todos os jornalistas que eles não devem publicar em seus jornais algo sobre os exércitos de terra e mar.

~

Não é com grande número de tropas, mas com tropas bem organizadas e disciplinadas que vitórias são obtidas na guerra. Organize lentamente suas tropas. Você precisa de bons soldados, e não de soldados infiéis que batam em retirada. Veja que não tenho pressa com meu exército italiano, até agora apenas lancei a semente. É verdade que tenho na França três regimentos italianos que são bons e instruídos, mas os distingo de nossos velhos quadros franceses.

∾

Em todos os países, ao dominar as principais cidades ou postos, eles são facilmente contidos quando temos na mão os bispos, os magistrados e os principais proprietários que estão interessados em manter a ordem sob sua responsabilidade.

∾

Ordene que medidas sejam tomadas para que os comandantes individuais não se entreguem a pequenas humilhações que, isoladas, são pouca coisa, mas que, em conjunto, podem indispor os habitantes da Itália.

∾

As dificuldades em que você se encontra acontecem o tempo todo. Inclua em seus cálculos que, em mais ou menos quinze dias, haverá uma insurreição. É algo que acontece constantemente em países conquistados. Seja o que fizer, você nunca se manterá numa cidade como Nápoles pela opinião pública.

Providencie para que haja morteiros nos fortes e reservas para punir imediatamente a insurreição que eclodirá. Imagino que você tenha canhões em seus palácios e que tenha tomado medidas para sua segurança. Todas as dificuldades que você está enfrentando neste momento são sempre enfrentadas em circunstâncias como as suas. Leve a ordem a esta imensa cidade. Coloque seus postos militares em posições onde a canalha não possa tomar seus canhões.

~

As palavras são tudo, por isso ordenei o recrutamento de uma legião de dalmáticos. Você pode assegurar que ela será destinada a defender a região, isso trará segurança aos habitantes.

~

Não há necessidade de dizer o que temos a intenção de fazer no momento em que o fazemos.

~

Minha intenção é que o general Soult e seu estado-maior frequentem a missa em dias de festa, com música, que ele conviva bem com os sacerdotes e oficiais do rei de Nápoles.

Verei com prazer o fato de que os líderes de batalhões frequentem a missa nos dias de festa e de que nas cidades onde houver um bispo este seja visitado, como é costume na região.

~

A pilhagem destrói tudo, inclusive o exército que a pratica. Os camponeses desertam, e isso provoca o duplo inconveniente de se fazer inimigos irreconciliáveis que se vingam no soldado isolado e que vão aumentar as fileiras do inimigo à medida que o destruímos; isso nos priva de todas as informações tão necessárias para fazer a guerra e de todos os meios de subsistência. Os camponeses que vêm ao mercado são afastados pelas tropas que os prendem, que pilham seus víveres e batem neles.

~

Recomende aos soldados que respeitem a região; ao arruiná-la, nos privamos de seus recursos.

~

O que o primeiro engenheiro de um exército, que precisa conceber, propor e dirigir todos os trabalhos de sua tropa, necessita acima de tudo é de uma boa capacidade de julgamento.

~

É preciso, num exército, que a infantaria, a cavalaria e a artilharia estejam em exata proporção; as armas jamais substituem umas às outras; sempre são necessárias quatro peças de artilharia para cada mil homens e uma cavalaria ligeira igual a um quarto da infantaria.

~

A infantaria é a alma do exército.

~

Quanto mais a infantaria é boa, mais é preciso secundá-la com boas baterias.

~

A mochila não deve formar uma saliência de mais de três polegadas nas costas do homem. Cada um também carregará dois sacos de couro com cinco libras de farinha, víveres por dez dias; os burros e cavalos também carregarão dez dias de aveia.

∽

Cada soldado tem três pares de sapatos: um nos pés, dois na mochila.

∽

Na guerra, o que sempre falta são sapatos.

∽

É preciso reiterar as ordens para que, em todos os regimentos que formam o Grande Exército, haja, a cada refeição, uma marmita e um cantil e para que cada homem tenha um pequeno cantil.

∽

Não é preciso pensar em barracas; elas só servem para transmitir doenças.

∽

A artilharia é mais necessária à cavalaria do que à infantaria, pois a cavalaria não pode atirar e só pode combater com armas brancas. Para responder a essa necessidade, a artilharia a cavalo foi criada. A cavalaria precisa, portanto, sempre levar baterias consigo, seja ao atacar, seja ao permanecer em posição, seja ao se reagrupar.

~

A força da cavalaria está em sua impulsão, mas não é apenas a velocidade que garante seu sucesso, é a ordem, o conjunto e o bom emprego de suas reservas.

Querer reservar a cavalaria para o fim da batalha é não fazer ideia da força das cargas da infantaria e da cavalaria combinadas, seja no ataque, seja na defesa.

~

Deixadas por si mesmas, a infantaria e a cavalaria não conseguiriam resultados definitivos; porém, junto à artilharia, com forças iguais, a cavalaria destrói a infantaria.

~

O futuro de uma batalha é o resultado de um instante, de uma ideia. Aproximamo-nos em combinações diversas, misturamo-nos, combatemos por certo tempo, e o momento decisivo se apresenta, uma centelha moral decide e uma pequena reserva concretiza.

~

Na guerra, todo comandante de fortaleza que a entrega um segundo antes do que é obrigado merece a morte.
Suponho que você tenha mandado fuzilar o oficial da guarda que abandonou seu posto sem lutar.

~

Vi o oficial que você me encaminhou. Dizem que este oficial é um homem muito valoroso, mas ele não tem a instrução e o espírito necessários a seu ajudante de ordens. Ele só me falou besteiras sobre Nogent e Provins. Precisamos de homens mais desenvoltos, que tenham mais conhecimentos e mais espírito, para empregá-los como ajudantes de ordens a seu lado. Este homem, que era muito bom capitão de granadeiros, talvez seja bom à frente de algum batalhão.

∼

O oficial chefe de engenharia em Abbeville se encontra em sua cidade natal, o que não me convém: substitua-o.

∼

Utilize um mensageiro para dar ao vice-rei da Itália notícias sobre o que está acontecendo. Dissipe os falsos rumores, tão comuns durante a guerra. Todas as vezes que correrem notícias desastrosas, ou você ficar sabendo coisas importantes, não deixe de enviar homens discretos que não façam outra coisa além de entregar uma carta.

∼

Em Rennes, há um grande número de soldados que aguardam a aposentadoria. Imagino que o mesmo se dê em outros departamentos. Precisamos nos desfazer desses indivíduos... Tome as medidas necessárias para que eles recebam imediatamente sua aposentadoria; enquanto isso, que recebam víveres e o pagamento pelo prefeito.

∼

Faça uma descrição de todas as províncias por onde vocês passarem, das estradas e da natureza do terreno, envie-me esboços. Encarregue os oficiais de engenharia desse trabalho, que é importante fazer. Que eu possa ver a distância entre as cidades, a natureza da região, os recursos que ela possui. E não abandone seu exército; primeiro porque um general nunca deve abandoná-lo, depois porque apenas em seu exército ele é grande, ao passo que é pequeno nas cortes. Seja qual for o convite que lhe fizerem, marche com suas divisões.

∽

Um general comandante em chefe de um exército naval e um general comandante em chefe de um exército de terra são homens que precisam ter qualidades diferentes. Nasce-se com as qualidades próprias para comandar um exército de terra, enquanto as qualidades necessárias para comandar um exército naval só são adquiridas através da experiência.

∽

Não posso negá-lo, preciso escolher meus almirantes entre os jovens oficiais de 32 anos; tenho suficientes capitães de fragatas com dez anos de navegação para poder escolher seis a quem confiar meus comandos. Minha intenção seria avançar e atiçar esses jovens de todas as maneiras possíveis.

∽

Sem marinha, a França fica exposta a todos os tipos de injúrias.

∽

A arte da guerra em terra é uma arte de gênio, de inspiração. Em mar, nada é gênio ou inspiração; tudo é certeza e experiência. O general de mar só precisa de uma ciência, a da navegação.

O de terra precisa de todas, ou de um talento equivalente a todas, o de saber tirar proveito de todas as experiências e de todos os conhecimentos. Um general de mar não precisa adivinhar nada, ele sabe onde está seu inimigo, ele conhece sua força. Um general de terra nunca sabe nada ao certo, nunca vê com clareza seu inimigo, nunca sabe com certeza onde ele está.

Um generalíssimo de mar depende mais de seus capitães de navios do que um generalíssimo de terra de seus generais. Este último tem a possibilidade de assumir o comando direto das tropas, de ir a todos os locais e de recompor movimentações erradas. Um general de mar só tem influência direta sobre os homens do navio onde está, a fumaça impede de ver os sinais. De todos os ofícios, portanto, é aquele em que os subalternos mais têm responsabilidades.

A guerra em terra consome, em geral, mais homens que a de mar; ela é mais perigosa. O soldado de mar, em sua esquadra, só combate uma vez durante a campanha, o soldado de terra combate todos os dias. O soldado de mar, sejam quais forem os perigos e fadigas associados a este elemento, experimenta-os bem menos do que o soldado de terra: ele nunca sofre de fome, sede, sempre carrega consigo seu alojamento, sua cozinha, seu hospital e sua farmácia. Os exércitos de mar, a serviço da França e da Inglaterra, onde a disciplina mantém a limpeza e onde a experiência faz conhecerem-se todas as medidas que precisam ser tomadas para manter a saúde, têm menos doentes do que os exércitos de terra. Independentemente do perigo dos combates, o soldado de mar conhece o das tempestades; porém, a ciência diminuiu tanto este último que ele não pode ser comparado aos de terra, como revoltas populares, assassinatos parciais, surpresas de tropas ligeiras inimigas.

∼

É preciso proscrever os juízes, os conselhos e as assembleias a bordo de um navio; só deve haver uma autoridade, a do capitão, que deve ser mais absoluta que a dos cônsules nos exércitos romanos.

∼

Todas as expedições por mar empreendidas desde que estou à frente do governo fracassaram porque os almirantes não enxergam bem e acharam, não sei como, que é possível guerrear sem correr riscos.

∼

Meus almirantes são velhos demais, sofrem de gota e têm o espírito arcaico.

∼

Passei o tempo inteiro procurando um homem para a marinha, sem conseguir encontrá-lo. Nesse ofício, existe uma especialidade e uma tecnicidade que aniquilam todas as nossas ideias. Assim que eu propunha uma nova ideia, Gantheaume e a seção da marinha chegavam dizendo: – Sire, não é possível fazer isso. – E por quê? – Sire, os ventos não o permitem; e, depois, as calmarias, as correntes. Eu era simplesmente interrompido... Se, ao invés de combater esses obstáculos, eu tivesse encontrado alguém que partilhasse de minhas ideias e as antecipasse, que resultados não teríamos obtido! No entanto, sob meu reinado, nunca na marinha se elevou um homem que se afastasse da rotina e soubesse criar.

∼

É desesperador para o exército que eu tenha capitães desde 1792 que de maneira constante me prestaram tantos serviços, mas que o senhor proponha para chefe de batalhão um oficial que era tenente ou capitão em 1794 e que desde então não foi útil. São singulares os princípios que vemos nos gabinetes da guerra; com esses princípios, a esperança de meu exército se perderá.

∽

Vejo nos jornais uma carta do general Sénarmont à corte de Karlsruhe na qual ele presta contas da bravura demonstrada pelas tropas de Bade; considero esses relatórios extremamente inoportunos. Envie uma circular para os generais que têm tropas aliadas sob suas ordens, proibindo que se correspondam com as cortes estrangeiras, e comunique-lhes que demonstrei meu descontentamento ao general Sénarmont por ter escrito esta carta. Outro general escreveu ao rei da Holanda; isso tudo é ridículo.

∽

Você deveria recomendar ao general Rapp que os generais não se interessem pelos corsários e que esses corsários não se aproveitem disso para devastar as costas e cometer injustiças que depois me tragam conflitos. Um oficial não deve participar de operações desse tipo, sobretudo um general cujas decisões provisórias têm influência no assunto.

∽

O grande defeito de nossa organização é olhar para o exército apenas em tempos de paz, enquanto é sempre em tempos de guerra que é preciso considerá-lo.

∾

Quantos às vagas disponíveis, envie imediatamente, para preenchê-las, um bom número de jovens da escola de Fontainebleau e da Escola Politécnica. Eles farão maravilhas. É preciso convir que nossos oficiais estão exaustos e que, sem eles, nosso exército falharia. Não há mais oficiais, e sem esta escola e a de Fontainebleau, não sei o que seria de nosso exército. Camponeses sem educação só conseguem produzir oficiais depois de oito ou dez anos de experiência.

Se a escola de Fontainebleau, a Escola Politécnica e Saint-Cyr puderem fornecer homens com a idade e a educação necessárias, você pode enviá-los para cá, serão recebidos com prazer, pois não há nada mais corajoso e exemplar do que a juventude de Fontainebleau.

∾

Acredito que todo mundo percebe a importância do atual descanso, as tropas se refazem, convocações enérgicas são feitas, e a disciplina é restabelecida.

∾

Meus oficiais de ordens estão às suas ordens; quero que você tome as medidas necessárias para sua instrução e para o que lhes compete. Eles devem seguir os exercícios de infantaria, de cavalaria e de artilharia da Guarda para tomar conhecimento dessas três forças necessárias a seu trabalho.

∾

Escreva ao duque de Pádua dizendo que ele não deve cansar suas tropas, a não ser com ordens precisas e movimentações de guerra; que, portanto, ele age mal em fazê-las marchar precipitadamente; que é ridículo dizer que essas tropas não têm instrução, que não temos outras tropas e que, mesmo assim, vencemos o inimigo; que se eles têm um par de sapatos nos pés e um na mochila, não são infelizes; que ele não deve se queixar, mas remediar; mesma observação para os artilheiros: que os quadros são bons e que o resto se formará.

∼

Ajude a fazer com que os generais não roubem; se eles se portarem com arbitrariedade, humilharem e despojarem os cidadãos, revoltarão as províncias. É preciso punir abertamente, destituir escandalosamente e entregar a uma comissão militar o primeiro que roubar. É preciso, em cada província, estabelecer um inspetor na figura dos prefeitos; os generais não estão em condição de administrar.

∼

Ateste meu descontentamento ao general Menou por ele publicar relatórios nos periódicos. Ele não deve publicar relatório algum; ele só deve enviar relatórios oficiais ao governo. Essa maneira de falar com o público é ilegal.

∼

É notável o número de generais que surgiram de repente com a Revolução: Pichegru, Kléber, Masséna, Marceau, Desaix, Hoche etc., quase todos simples soldados; mas também nisso parecem ter esgotado os esforços da natureza; ela nada produziu depois, quero dizer ao menos com a mesma força. É que na época trinta milhões de homens concorriam entre si, e a natureza exercia seus direitos; mais tarde, entramos nos limites mais fechados da ordem e da sociedade.

∼

O ardor dos provençais, nação generosa, se estende a tudo, à fortuna, ao prazer, à glória. Encontramos, no entanto, maior número de excelentes oficiais entre os espirituais gascões do que entre os ardentes provençais.

∼

*A Rœderer:*
É bom que você vá para junto de meu irmão; ele continua fazendo coisas que desagradam ao exército; ele faz os espanhóis que matam meus soldados serem julgados por comissões espanholas. Ele não sabe que, em todo lugar onde meus exércitos estão, conselhos de guerra franceses julgam os assassinatos cometidos sobre nossas tropas... Ele quer ser amado pelos espanhóis, ele quer fazê-los acreditar em seu amor. Os amores dos reis não são ternuras de ama de leite; eles precisam ser temidos e respeitados. O amor do povo não passa de estima.

*A guerra e seu comando*

A guerra é um estado natural.

~

A prática dos atos mais violentos usa menos o coração do que as abstrações: os militares valem mais do que os advogados.

~

Não há força sem habilidade.

~

A guerra é um jogo sério no qual comprometemos nossa reputação, nossas tropas e nosso país. Se formos sensatos, sentiremos e saberemos se fomos feitos ou não para ela.

~

Na guerra, tudo é obtido através de cálculo: o que não for profundamente meditado em detalhes não produz resultados.

~

Um exército precisa estar, a todo momento, pronto para opor toda a resistência de que é capaz.

Na guerra, a teoria só é boa para ideias gerais; a estrita execução dessas regras sempre será perigosa: elas são os eixos que devem servir para traçar as curvas.

∼

Sentimos prazer de nós mesmos durante o perigo. Na guerra, como no amor, é preciso se enxergar de perto para colocar um fim.

∼

Mantenho minha opinião: todas as vezes que combatemos, sobretudo os ingleses, não devemos nos dividir, é preciso unir forças, apresentar quantidades consideráveis; todas as tropas que são deixadas para trás correm o risco de ser completamente vencidas ou forçadas a abandonar seus postos.

∼

A batalha de Borghetto se deu em 30 de maio; o ataque de Wurmser é de 1º de agosto; nesses sessenta dias de intervalo, uma parte do exército cruzou o Pó, tomou as legações de Ferrara e Bolonha, o forte Urbim, a cidadela de Ferrara, Livorno, e desarmou essas províncias. As tropas estavam de volta ao Ádige antes que Wurmser estivesse em condições de iniciar sua operação; isso é fazer bom uso do tempo. A força de um exército, como a quantidade de movimentos em mecânica, é avaliada pela massa multiplicada pela velocidade. Essa marcha, longe de enfraquecer um exército, aumenta seu material e seu moral; ela multiplica suas possibilidades de vitória.

~

Na guerra, três quartos são questões morais; o equilíbrio de forças representa apenas um quarto.

~

É natural que você tenha menos experiência de guerra do que um homem que a conhece há dezesseis anos. Não estou descontente com os erros que você cometeu, mas com o fato de que você não me escreve e não me deixa dar-lhe conselhos e ditar daqui minhas operações; se você conhecesse a história, saberia que gracejos não servem de nada e que as maiores batalhas perdidas da história assim o foram por ter-se dado ouvidos às palavras dos exércitos.

~

É justo que a guerra também apresente sérias chances de derrota aos soberanos que a fazem para que eles reflitam com mais maturidade em seus conselhos antes de começá-la. Nesse terrível jogo, as chances devem ser iguais.

~

Esta guerra precisa ser a última. [1806]

~

Senhores membros do Conselho de Estado, a guerra não é um ofício simples. Vocês a conhecem daqui, sentados em suas poltronas, através da leitura de boletins ou de relatórios de nossos triunfos; vocês não conhecem nossos acampamentos, nossas marchas forçadas, nossas privações de todos os tipos, nossos sofrimentos de todos os gêneros. Eu os conheço porque os vejo e, às vezes, os partilho.

∽

Tudo o que você me diz sobre suas decisões seria bom se elas tivessem sido calculadas de maneira a que você tivesse chegado frente ao inimigo na primeira meia hora em que ele foi atacado. Sua carta, além disso, é espirituosa demais. Ser espirituoso não é necessário na guerra; é preciso exatidão, caráter, simplicidade.

∽

O maior perigo se encontra no momento da vitória.

∽

Um plano de campanha deve prever tudo o que o inimigo pode fazer e conter em si mesmo os meios de neutralizá-lo. Os planos de campanha são modificados ao infinito, segundo as circunstâncias, o gênio dos líderes, a natureza das tropas e a topografia do cenário da guerra.

∽

Não há nada mais temerário e mais contrário aos princípios da guerra do que marchar pela lateral diante de um exército posicionado, sobretudo quando este exército está em alturas ao pé das quais é preciso passar.

∽

Escreva de maneira a não causar preocupação, pois o alarme abate os espíritos e paralisa a coragem.

~

É bastante apropriado remexer a terra. É o caso em redutos e fortificações de campanha que têm, independentemente de seu real valor, um ganho de convicção.

~

Toda a arte da guerra consiste numa defensiva bem pensada, extremamente circunspecta, e numa ofensiva audaciosa e rápida.

~

Se você não partir do princípio de que o inimigo não atacará de frente a posição sem finalidade, se você defender todas as posições, não chegará a nada.

~

Li com pesar, num de seus relatórios de ontem, que um camponês foi de Elditten a Liebstadt. Você nunca saberá ser rigoroso? Nem mesmo uma lebre deve cruzar a linha. O primeiro que a cruzar deve ser fuzilado, inocente ou culpado. Este terror será salutar. Ignoramos o que o inimigo faz; é preciso que ele ignore o que nós fazemos.

~

É a imaginação que perde as batalhas.

~

Para não ficar surpreso de obter vitórias, só se deve pensar em derrotas. Não perca de vista a possibilidade de meu exército da Itália ser repelido e obrigado a recuar para Alexandria, até mesmo para Gênova, e faça com que a artilharia, o arsenal e os armazéns de víveres estejam em bom estado.

∼

Os canhões, como todas as outras armas, devem ser reunidos em massa se quisermos obter um resultado significativo.

∼

Não existe uma ordem natural de batalha. Tudo o que for prescrito em relação a ela será mais prejudicial do que útil.

∼

Há um momento, durante os combates, em que a mínima manobra pode decidir e dar superioridade. É a gota d'água que faz o reservatório transbordar.

∼

Só fazemos bem o que já fizemos. A coragem e o talento naturais não se opõem à coragem e ao talento secundados por todas as lembranças e comparações.

∼

Só existem dois tipos de planos de campanha, os bons e os ruins. Os bons fracassam quase sempre devido a circunstâncias imprevistas que com frequência fazem os maus terem êxito.

∼

Os generais que reservam tropas novas para o dia seguinte a uma batalha são quase sempre derrotados. Devemos, se for proveitoso, utilizar até o último homem, pois no dia seguinte a um sucesso total não temos mais obstáculos à nossa frente; a convicção sozinha garante novos triunfos ao vencedor.

∼

A coragem é como o amor: ela se alimenta de esperança.

∼

O melhor soldado não é tanto aquele que combate quanto aquele que marcha.

∼

A coragem não pode ser simulada: é uma virtude que escapa à hipocrisia.

∼

A bravura é uma qualidade inata, não pode ser tomada, ela provém do sangue. A coragem vem do pensamento: a bravura muitas vezes não passa de impaciência pelo perigo.

∼

Só somos bravos para os outros.

∼

Nada torna maior um batalhão do que o sucesso.

Fazer alarme abate os espíritos e paralisa a coragem.

~

Os campos de batalha modernos são mais extensos do que os campos de batalha antigos, o que obriga ao estudo de um maior campo de batalha. É preciso muito mais experiência e gênio militar para comandar um exército moderno do que era preciso para comandar um exército antigo.

~

Não se deve destacar nenhuma parte do exército na véspera de um ataque, pois tudo pode mudar de um segundo a outro; um batalhão pode decidir uma etapa.

~

Com um exército inferior em número, inferior em cavalaria e artilharia, deve-se evitar uma batalha geral, compensar o número com a rapidez das marchas, a falta de artilharia com a natureza das manobras, a inferioridade da cavalaria com a escolha de posições. Em semelhante situação, o moral do soldado tem papel importante.

~

Uma máxima de guerra bastante testada é não fazer o que o inimigo quer apenas por ser seu desejo; assim, deve-se evitar o campo de batalha que ele reconheceu e estudou; é preciso ter mais cuidado ainda para evitar aquele que ele fortificou e onde se entrincheirou. Uma consequência desse princípio é nunca atacar de frente uma posição que pode ser obtida ao ser contornada.

∼

A passagem do posicionamento defensivo para o posicionamento ofensivo é uma das operações mais delicadas da guerra.

∼

A arte da guerra consiste, com um exército inferior, em sempre ter mais força do que seu inimigo no local em que atacamos ou no local em que somos atacados, mas esta arte não é aprendida em livros ou na prática.

∼

A guerra é uma questão de tato.

∼

O segredo das grandes batalhas consiste em saber espalhar-se e concentrar-se na hora certa.

∼

O sucesso, na guerra, deve tanto ao olhar e ao momento, que a batalha de Austerlitz, vencida tão rapidamente, teria sido perdida se eu tivesse atacado seis horas antes.

∼

Na guerra, a audácia é o mais belo cálculo do gênio.

∼

Você deve partir de um posicionamento defensivo tão temível que o inimigo não ouse atacá-lo e abandonar as posições atrás de você, salvo as posições defensivas de sua capital, a fim de ser totalmente ofensivo contra o inimigo que, depois do avanço, nada poderá intentar. Nisso reside a arte da guerra. Você verá muitas pessoas que combatem bem e nenhuma que saiba aplicar esse princípio.

∼

É preciso evitar as contraordens; a menos que o soldado veja nelas uma grande utilidade, ele fica desencorajado e perde a confiança.

∼

Quando o corpo principal está imóvel, um corpo separado e secundário não deve desviar a atenção com um movimento ativo ou de invasão; ele deve se conformar à atitude do corpo principal e influenciar o palco das operações com uma atitude defensiva, ocupando uma posição que seja por natureza ameaçadora. Em três dias, um exército bem constituído deve remexer tanta terra, cavar fossos tão eficientes, cercar-se com tantas paliçadas, estacas, palanques dentados etc., colocar em bateria tanta artilharia, que ele deve ser inatacável em seu campo. Um exército de vinte mil homens pode, sem a ajuda dos camponeses, remexer de trinta a quarenta mil toesas* cúbicas de terra em três dias.

∼

A guerra é feita de acidentes. Apesar de obrigado a curvar-se a princípios gerais, um líder nunca deve perder de vista tudo o que pode colocá-lo em condições de tirar

---

* Toesa: antiga medida de comprimento francesa, equivalente a seis pés (cerca de dois metros). (N.T.)

proveito desses acidentes. O vulgo chamaria isso de sorte, mas se trata de uma qualidade do gênio.

∽

Se o inimigo assumiu uma boa posição e está à sua espera, recomendo que você o reconheça e estabeleça bem seu sistema antes de atacá-lo. Um movimento para frente sem bons preparativos pode vencer quando o inimigo está em retirada, mas nunca vence quando o inimigo está posicionado e decidido a defender-se; portanto, ou um sistema ou um preparativo vence uma batalha. Quanto à artilharia, é preciso ter a seguinte atenção: assim que você tiver decidido seu ataque, faça-a ser defendida por uma bateria de trinta a quarenta peças de canhão, nada resistirá; o mesmo número de canhões espalhados na linha de frente não terá os mesmos resultados.

∽

A arte, hoje, é atacar tudo o que encontramos, a fim de vencer o inimigo completamente, enquanto ele se reúne. Quando digo que é preciso atacar tudo o que encontramos, quero dizer que é preciso atacar tudo o que está em marcha, e não numa posição que o torne superior.

∽

Não é espalhando as tropas e dispersando-as que se chega a um resultado.

∽

A perda de tempo é irreparável durante a guerra; os motivos alegados são sempre ruins, pois as operações só dão errado devido a atrasos.

∼

Vigie com cuidado e nunca abandone voluntariamente sua linha de operações.

∼

Quero que minhas tropas sejam essencialmente móveis e que possam se mover repentinamente de leste a oeste, de norte a sul, conforme os projetos de minha política.

∼

As informações que obtemos dos prisioneiros devem ser avaliadas de maneira adequada; um soldado não enxerga muito além de sua companhia, e um oficial pode no máximo prestar contas da posição ou das movimentações da divisão à qual pertence seu regimento. Portanto, o generalíssimo só deve levar em consideração as confissões arrancadas dos prisioneiros, para justificar suas conjeturas sobre a posição ocupada pelo inimigo, quando estas coincidirem com os relatórios das vanguardas.

∼

Os prisioneiros de guerra não pertencem à potência pela qual combatem; eles estão sob a proteção da honra e da generosidade da nação que os desarma.

∼

Só existe uma maneira honrada de ser feito prisioneiro, que é ser capturado isoladamente e sem poder fazer uso de suas armas: assim não há condições, submetemo-nos à necessidade.

∽

Durante uma batalha ou um cerco, a arte da guerra consiste em fazer convergir grande número de detonações sobre um mesmo ponto: uma vez estabelecido o tumulto, aquele que tiver a destreza de fazer chegar subitamente e apesar do inimigo, num de seus pontos, uma quantidade inesperada de artilharia, com certeza vencerá.

∽

A primeira qualidade do soldado é a constância em suportar a fadiga; a valentia é apenas a segunda.

∽

O soldado nunca deve soltar cinco coisas: seu fuzil, seus cartuchos, sua mochila, seus víveres, para no mínimo quatro dias, e sua ferramenta para cavar.

∽

As privações e a miséria são as verdadeiras mestras do soldado.

∽

As hesitações e os meios-termos, na guerra, levam tudo a perder.

∽

É preciso ter feito a guerra por muito tempo para conceber o valor ameaçador de uma posição mantida com efetivos consideráveis e de maneira ofensiva; é preciso ter realizado um grande número de operações ofensivas para saber como o mínimo acontecimento ou indício encoraja ou desencoraja, decide uma operação ou outra.

∼

A ciência militar é o cálculo das quantidades em pontos específicos.

∼

Não importa o que digam, não acredite que se combatem tiros de canhão como socos. Depois do início de um fogo cruzado, a menor falta de munição durante a ação torna inútil o que foi feito anteriormente.

∼

Nas grandes conjunturas de guerra, existe um único momento para fazer a paz.

∼

Não é gritando "Paz!" que esta é obtida. Não quis colocá-lo num boletim, sobretudo porque não se deve anunciá-la à vista de todos. A paz é uma palavra vazia de significado; o que precisamos é de uma paz gloriosa.

∼

Damos uma falsa direção à opinião pública ao falar--lhe sempre de paz. A abertura de negociações não é uma conclusão. Adulando os povos, nós os aviltamos.

As chaves de uma praça-forte equivalem à liberdade da guarnição que a defende quando ela está decidida a sair de lá apenas livre; assim, é sempre mais vantajoso conceder uma capitulação honrosa a uma guarnição que demonstrou uma vigorosa resistência do que correr os riscos de um assalto.

Quando uma cidade está sitiada, um militar torna-se uma espécie de magistrado e deve portar-se com a moderação e a decência exigidas pelas circunstâncias.

O princípio de toda negociação de trégua é que cada um fique na posição em que se encontra; as linhas de demarcação são, a seguir, a aplicação desse princípio.

Violar os tratados militares é renunciar à civilização, é equiparar-se aos beduínos do deserto.

Alguns militares perguntam de que servem as praças-fortes, os acampamentos fortificados, a arte da engenharia de guerra; perguntamos-lhes por nossa vez como é possível manobrar com forças inferiores ou iguais sem o auxílio de posições, fortificações e todos os elementos suplementares da arte da guerra.

~

Há casos em que perder homens representa uma economia de sangue.

~

Até o momento, não faço ideia se a Áustria quer entrar em guerra; porém, o sistema militar consiste em opor a força à força, e a saúde política diz que devemos nos colocar em guarda assim que uma força parece nos ameaçar.

~

Aquiles era filho de uma deusa com um mortal: essa é a imagem do gênio da guerra. A parte divina consiste em tudo o que se origina de considerações morais, do caráter, do talento, dos danos ao adversário, do julgamento, do espírito do soldado que é forte e vencedor, fraco e vencido, dependendo do que ele acredita ser; a parte terrena são as armas, os entrincheiramentos, as ordens de batalha, tudo o que diz respeito à combinação das coisas materiais.

~

Não se deve deixar ao inimigo nenhuma vantagem, nem mesmo de julgamento, pois o soldado fica sempre impressionado ao ver que as armas do inimigo, sobretudo quando afastadas, chegam mais longe do que as suas.

~

O número de soldados não representa nada. Apenas quando os oficiais e suboficiais têm consciência de manobrar é que podemos esperar alguma coisa deles. Os acampamentos de Bolonha, onde os regimentos foram exercitados de maneira constante por dois anos, é que me proporcionaram os sucessos do Grande Exército.

~

Até o momento, talvez o rei de Nápoles tenha agido rápido demais. O exército está apenas se reunindo, e não se deve marchar contra um exército completo como se marcha contra um exército que já foi vencido.

~

Nas montanhas, a toda hora encontra-se um grande número de posições extremamente fortes em si mesmas, que é preciso evitar atacar. A arte desta guerra consiste em ocupar acampamentos, pelos flancos ou pela retaguarda do inimigo, deixando-lhe apenas a alternativa de evacuar suas posições sem combater para tomar outras mais atrás, ou sair para atacar. Na guerra nas montanhas, aquele que ataca está em desvantagem; até mesmo na ofensiva, a arte da guerra consiste em sempre fazer combates defensivos e em obrigar o inimigo a atacar.

~

O francês é mais capaz do que o alemão para esse tipo de guerra. O polonês não entende nada dela.

~

As regiões montanhosas dependem das planícies que as alimentam e só têm influência sobre estas enquanto estiverem ao alcance de seus canhões. As fronteiras que protegem os impérios são compostas por planícies, regiões de colinas, regiões montanhosas. Se um exército quer cruzá-las e é superior em cavalaria, deverá levar sua linha de frente pelas planícies; se ele é inferior nesse aspecto, deverá preferir as regiões de colinas; porém, para as regiões montanhosas, deverá se contentar em observá-las enquanto as contorna.

⁓

Já aconteceu de grandes exércitos, quando não puderam agir de outra maneira, terem atravessado regiões montanhosas para chegar a belas regiões e belas planícies. É preciso, por exemplo, atravessar necessariamente os Alpes para se chegar à Itália. Mas fazer esforços sobrenaturais para encontrar montanhas inacessíveis e se encontrar em meio a precipícios, desfiladeiros, penhascos, sem outra perspectiva que a necessidade, por muito tempo, de ultrapassar os mesmos obstáculos, de suportar as mesmas fadigas, de ficar preocupado a cada nova marcha por saber que atrás de si existem tantas dificuldades, de estar todos os dias mais a perigo de morrer de fome, e tudo isso quando é possível agir de outra maneira, é gostar de dificuldades e lutar com gigantes; é agir sem bom senso e, portanto, contra o espírito da arte da guerra. Se o inimigo tem grandes cidades, belas províncias, capitais a proteger, marche até elas pelas planícies. A arte da guerra é uma arte simples e de realização; não há nada de incerto, tudo nela é bom senso, nada é ideologia.

⁓

O inverno não é a estação mais desfavorável para atravessar montanhas elevadas. A neve está firme, o tempo estável, e não é preciso temer avalanches, verdadeiro e único perigo a recear nos Alpes. Em dezembro, há belíssimos dias nessas altas montanhas, de um frio seco durante o qual reina grande tranquilidade no ar.

∽

Há casos em que um exército precisa marchar numa única coluna, e outros em que precisa marchar em várias. Um exército não avança de maneira normal por um desfiladeiro de doze pés de largura; as estradas têm de quatro a seis toesas e permitem marchar com duas fileiras de carros e de quinze a vinte homens na linha de frente. Quase sempre é possível avançar à direita ou à esquerda das vias. Já se viu exércitos de 120 mil homens marcharem numa única coluna e assumirem posição de combate em seis horas.

∽

Na guerra, existe um princípio segundo o qual um corpo de doze mil homens só pode se afastar uma hora do grosso do exército.

∽

Será melhor defender uma capital protegendo-a diretamente, ou cercando-se num acampamento fortificado na retaguarda? A primeira opção é a mais segura: permite defender a travessia dos rios, os desfiladeiros, inclusive conseguir posições de combate, reforçar-se com todas as suas tropas internas enquanto o inimigo se enfraquece de maneira gradual. Seria uma má opção encerrar-se num acampamento fortificado, e se correria o risco de ser obrigado, pelo menos bloqueado e reduzido a abrir caminho com a espada na mão para conseguir pão e forragem. São necessárias de quatrocentas a quinhentas carroças por dia para alimentar um exército de cem mil homens. Com um exército invasor um terço superior em infantaria, cavalaria e artilharia, ele impediria os comboios de chegar e, sem bloqueá-los hermeticamente como são bloqueadas as praças-fortes, ele tornaria o afluxo tão difícil que a fome se abateria sobre o acampamento. Resta outra opção, a de manobrar sem se deixar encurralar na capital que se quer defender, ou se fechar num acampamento fortificado na retaguarda; para isso é preciso um bom exército, bons generais e um bom líder. Em geral, a ideia de defender uma capital num ponto qualquer através de avanços laterais comporta em si a necessidade de destacamentos, e os inconvenientes da dispersão diante de um exército superior.

∽

As leis da guerra, os princípios da guerra, autorizam um general a ordenar a seus soldados a depor armas, entregá-las a seus inimigos e a constituir todo um corpo de prisioneiros de guerra? Esta pergunta não apresenta dúvidas à guarnição de uma praça-forte, mas o comandante de uma praça-forte se encontra numa categoria à parte. As leis de todas as nações o autorizam a depor armas quando faltam víveres, quando as defesas de sua fortificação foram destruídas e ele aguentou diversos assaltos. De fato, uma praça-forte é uma máquina de guerra que forma um todo, que tem um papel, uma missão corrente, determinada e conhecida. Um pequeno número de homens protegidos por esta fortificação se defende, interrompe o avanço do inimigo e protege o depósito que lhe foi confiado contra os ataques de grande número de homens; porém, quando as fortificações são destruídas, não oferecem mais proteção à guarnição, é justo e razoável autorizar o comandante a fazer o que ele julgar mais adequado para sua tropa. Uma conduta contrária não teria propósito e, além disso, teria o inconveniente de expor a população de toda uma cidade, idosos, mulheres e crianças.

∽

O oficial que comanda uma coluna destacada nunca deve perder a esperança; mesmo cercado, não deve capitular, porque em campo aberto só existe uma maneira de os bravos se renderem, como a do rei Francisco I, do rei João, que é em meio à luta e sob coronhadas, porque capitular é tentar conservar tudo, exceto a honra. Quando agimos como Francisco I, podemos ao menos dizer como ele: "Tudo está perdido, exceto a honra".*

∽

Para os valentes, o fuzil é apenas o cabo de uma baioneta.

∽

Durante a guerra, é preciso apoiar-se no obstáculo para ultrapassá-lo.

∽

A melhor maneira de proteger a cavalaria é apoiando-a pelas laterais. O método de mesclar pelotões de infantaria à cavalaria é vicioso, só traz inconvenientes; a cavalaria perde sua mobilidade, é prejudicada em todas as suas movimentações, perde sua impulsão, e a infantaria fica comprometida; ao primeiro movimento da cavalaria, ela fica sem apoio.

---

* Francisco I (1494-1547), rei da França, teria dito essa frase após a Batalha de Pávia, em 1525, que marcaria o fracasso das tentativas de tomada do norte da Itália durante as Guerras Italianas. O rei João é João II da França, o Bom (1319-1364), que é feito prisioneiro durante a Batalha de Poitiers, na Guerra dos Cem Anos. (N.T.)

∾

A cavalaria de linha deve ficar na vanguarda, na retaguarda, nas laterais e na reserva para apoiar a cavalaria ligeira.

∾

As cargas de cavalaria são boas no início, no meio ou no fim de uma batalha; devem ser executadas todas as vezes que podem ser feitas pelas laterais da infantaria, sobretudo quando ela está engajada na linha de frente... Todas as batalhas de Aníbal foram vencidas por sua cavalaria; se ele tivesse esperado para utilizá-la no fim das batalhas, só a utilizaria para cobrir sua retirada.

∾

A guerra se tornará um anacronismo. Travamos batalhas em todo o continente porque duas sociedades coexistiam, a que data de 1789 e a do Antigo Regime; elas não podiam sobreviver juntas; a mais jovem devorou a outra. Sei muito bem que, no fim das contas, a guerra me derrubou, a mim, representante da Revolução Francesa e instrumento de seus princípios, mas pouco importa!, foi uma batalha perdida para a civilização; a civilização, acreditem, se vingará. Existem dois sistemas, o passado e o futuro; o presente não passa de uma penosa transição. Quem triunfará? O futuro, não é mesmo? Pois bem, o futuro é a inteligência, a arte e a paz; o passado era a força bruta, os privilégios e a ignorância; cada uma de nossas vitórias foi um triunfo das ideias da Revolução. As vitórias um dia se completarão sem canhões e sem baionetas.

*Os diplomatas e o exterior*

A diplomacia é a polícia em traje de gala.

∽

Conselhos aos diplomatas: em suas conversas, evitem cuidadosamente tudo o que puder chocar... Não ataquem nenhum costume, não chamem a atenção para nada ridículo. Cada povo tem seus costumes, e os franceses têm arraigado demais o hábito de relacionar tudo aos seus e de se tomar por modelos. Fazer isso é um mau passo que impedirá o êxito de vocês, tornando-os insuportáveis a toda a sociedade.

∽

Nas questões diplomáticas, é preciso avançar com cuidado e reserva, e não fazer nada que não conste das instruções, pois é impossível a um agente isolado conseguir apreciar a influência de suas operações sobre o sistema geral. A Europa forma um sistema, e tudo o que é feito num ponto repercute nos demais. É preciso, portanto, conciliação.

∽

Já me queixei várias vezes das Relações Exteriores, o que só produz resultados por alguns dias. Você não as dirige com suficiente sequência e firmeza. Vários secretários das legações são ineptos.

∼

Os membros do corpo diplomático são espiões que não se contentam com nada, que quanto melhor são tratados mais tolices escrevem. Faça uma grande audiência diplomática todos os meses e só os receba nesta ocasião. Quanto menos o corpo diplomático se aproximar de você, melhor.

∼

É vergonhoso para o departamento de Negócios Estrangeiros que eu não conheça as forças da Áustria e que eu não tenha recebido nenhum memorando sobre a situação atual das finanças desta potência... Minha embaixada em Viena não me forneceu nenhuma informação. Os Negócios Estrangeiros têm fundos para as despesas secretas, e sua função é informar-se sobre os armamentos e a situação dos exércitos dos demais Estados, mas eles nada dizem.

∼

Eu preferiria que os embaixadores franceses não tivessem privilégios no exterior e que fossem presos se não pagassem suas dívidas ou se conspirassem, em vez de conceder aos embaixadores estrangeiros privilégios na França, onde podem conspirar com mais facilidade, por esta ser uma república. O povo de Paris é bastante tagarela; não se deve engrandecer ainda mais a seus olhos um embaixador que ele já considera como valendo dez vezes mais do que um homem qualquer. Seria preferível não falar sobre o assunto; a nação tem consideração demais pelos estrangeiros.

∼

Quando a questão é um tratado, o embaixador deve tirar proveito de tudo para trabalhar para o bem-estar de seu país.

~

Quero que você se hospede no palácio, pois você não está convenientemente instalado; envio-lhe seis mil francos para as despesas, mantenha uma mesa com alguns lugares para a guarnição, para a municipalidade e para os patriotas da região, cujo espírito você precisa conhecer.

~

Questões intermináveis são aquelas em que não há dificuldades.

~

Já que o senhor mesmo escreve suas cartas, é preciso que o senhor mesmo leia as minhas. É inegável, reconheci minhas próprias expressões. O senhor é censurado por falar demais de seus negócios com pessoas demais.

~

A população de Paris é um amontoado de tagarelas que dá crédito aos rumores mais ridículos: não disseram que os príncipes estão escondidos no palacete do embaixador da Áustria? Como se eu não ousasse ir buscá-los em semelhante refúgio! Estaremos em Atenas, onde os criminosos não podiam ser perseguidos dentro do templo de Minerva? O marquês de Bedmar não foi preso em sua própria casa pelo Senado de Veneza? E ele não teria sido enforcado não fosse o temor da potência espanhola? Terá sido respeitado o direito internacional, em Viena, no que diz respeito a Bernadotte, nosso embaixador, quando a bandeira nacional, hasteada em seu palacete, foi insultada por uma multidão ameaçadora?

～

Não tenho o costume de regular minha política pelos rumores de Paris e estou descontente que o senhor seja sempre tão fraco e dê a eles tanta importância; hoje em dia a questão é complicada demais para que um burguês possa compreendê-la. O senhor verá que a paz, por mais vantajosa que eu a obtenha, será julgada desvantajosa pelos mesmos que tanto a exigem, porque são tolos e ingratos que nada podem compreender. É ridículo não cessarem de repetir que desejam a paz, como se a paz quisesse dizer alguma coisa; as condições é que importam.

～

A Europa tem sua história, muitas vezes trágica, de vez em quando reconfortante. Mas dizer que ela tem um direito universal reconhecido e que esse direito representou algo em sua história é brincar com a força da credulidade pública.

Em todos os tempos, a primeira lei do Estado foi sua segurança; a garantia de sua segurança, sua força; e o limite de sua força, a inteligência que fora sua depositária. Quando as grandes potências proclamaram uma moral diferente, esta existiu apenas para seu próprio uso, mas as pequenas não conheceram seu benefício. Polônia e Veneza desapareceram da face da Terra sem que, nessas exéquias políticas, as cortes espectadoras tenham visto outra coisa que suas próprias perdas. Todas as vezes que partilharam despojos ou obtiveram compensações alhures, elas cessaram de denunciar a ambição. Mas essas compensações tiveram um preço bem elevado em nome da justiça e, na prática, em nome da força.

Esta é a única realidade do pretenso código europeu. Isto é o que nossos contemporâneos chamaram de sistema de equilíbrio, palavra ridícula que, às guerras geradas por pura ambição, somou outras guerras; teoria enganosa que forneceu pretextos a iniquidades e que só salvou o fraco quando os fortes não souberam se entender contra ele. Da grande regra supracitada decorrem dois fatos historicamente verdadeiros como ela: o primeiro, que cada Estado se atribui o direito de tomar em mãos os interesses estrangeiros quando esses interesses são tais que não podem ser abordados sem colocar em perigo os seus; o segundo, que as demais cortes só lhe reconhecem o direito de intervir na proporção da força de que ele dispõe.

~

Um congresso é uma fábula combinada entre diplomatas; é a pluma de Maquiavel unida ao sabre de Maomé.

~

A paz é a primeira das necessidades e a primeira das glórias.

~

A paz deve ser o resultado de um sistema bem pensado, fundado sobre os verdadeiros interesses dos diferentes países, honroso a todos; não pode ser uma capitulação ou o resultado de uma ameaça.

~

Monarca e pai, sinto que a paz aumenta a confiança dos tronos e a das famílias.

∼

Porque não fiz a paz, dirão que não quis fazê-la... A paz que não quero fazer é aquela que meus inimigos querem me ditar. Serão eles mais pacíficos do que eu? Não recusam por sua vez a paz que lhes proponho? Aquilo que meus inimigos chamam de paz geral é a minha destruição. O que chamo de paz é apenas o desarmamento de meus inimigos: não serei mais moderado do que eles? A acusação de ser apaixonado pela guerra é absurda no que me diz respeito; cedo ou tarde, a opinião pública me fará justiça; reconhecerão que eu tinha mais interesse do que outros em fazer a paz, que eu o sabia e que, se não a fiz, foi porque aparentemente não pude... A recusa que oponho às primeiras exigências de meus inimigos não deve ser julgada. Não é sabido que toda potência que entra em negociações quer em primeiro lugar tudo o que ela acredita poder obter? É da natureza das coisas. Depois a transação chega a seu fim. Ou o vencedor tem êxito, ou o vencido resiste, ou as duas partes se reconciliam. Confesso que acreditei que a posição em que o armistício nos encontrou era favorável a uma conciliação. Oscilávamos num equilíbrio de sucessos e reveses; um grande compromisso poderia resultar entre Norte e Sul...

∼

*(Manuscrito de 1813)*

A paz é um casamento que depende de uma união de vontades.

∼

Poucos, pouquíssimos parlamentares.

~

O armistício está em vigor, é verdade, mas nunca devemos confiar nele quando estamos na capital dos inimigos.

~

Tudo o que escrevem a você se torna público. Não sei quais os funcionários dos gabinetes do ministro da guerra vão contar nos círculos de Paris as coisas que deveriam ficar dentro do gabinete.

~

Bom Deus! Como os letrados são estúpidos! Aquele capaz de traduzir um poema não é capaz de conduzir nem quinze homens. Nada me surpreendeu mais, desde que nasci, do que a conduta de M. em Gênova. Acabo de receber um comunicado assinado pelo senhor intitulado "Insurreição do Brincalhão". Só posso atestar-lhe meu extremo descontentamento sobre o pouco julgamento que há neste escrito; ele é tão ridículo quanto despropositado. O senhor não tem o menor direito de prestar contas ao público, apenas a mim. O senhor não está em Gênova para escrever, mas para administrar. Parma, por sua vez, fica na divisão militar; cabe a N. lá comparecer e reprimir as guerras de rebelião, o que teria valido mais que toda essa tagarelice vã. O senhor domina a arte de fazer de uma ninharia algo que agradará a todos os meus inimigos na Europa. Proíbo-o expressamente de imprimir o que quer que seja, de fazer qualquer tipo de proclamação; tudo isso é ridículo. Toda essa questão do ducado de Parma era no máximo digna de um relatório do capitão de polícia... Apenas hoje me convenci da incapacidade de um homem que tem, aliás, tão belos talentos e uma escrita tão bela.

~

*Ao rei José (Rheims, 18 de março de 1814)*

Meu irmão, estou descontente que você tenha mostrado ao duque de Conegliano o que lhe escrevi. Não gosto nem um pouco desse falatório. Se eu quisesse colocar o duque de Conegliano em outro lugar, a tagarelice de Paris não faria a menor diferença. A Guarda Nacional de Paris é do povo da França, e, enquanto eu viver, serei o mestre em toda a França. Seu caráter e o meu são opostos. Você gosta de afagar as pessoas e obedecer às ideias delas; eu gosto que me agradem e que obedeçam às minhas. Hoje, como em Austerlitz, sou o mestre. Não permita que ninguém afague a Guarda Nacional, nem que Regnaud ou quem quer que seja se faça seu tribuno. Imagino, no entanto, que façam uma diferenciação do tempo de La Fayette, em que o povo era soberano, e este, onde eu o sou. Assinei um decreto para um recrutamento em massa de doze batalhões em Paris. Portanto, a execução dessa medida não deve ser interrompida sob nenhum pretexto. Escrevo sobre minhas intenções aos ministros do Interior e da Polícia. Se o povo percebe que, em vez de fazerem o que lhe é útil, procuram agradá-lo, é natural que ele se acredite soberano e tenha pouca consideração por aqueles que o governam.

~

O chefe de Estado não deve ser um chefe de facção.

~

*Sobre a revolta do Tirol em 1809:*

O general Rusca enviará um oficial inteligente junto aos líderes dos tiroleses para comunicar-lhes que desejo resolver amigavelmente suas questões, a fim de não ser obrigado a levar a morte ou o incêndio para suas montanhas. Se o objetivo da revolta é permanecerem ligados à Áustria, só posso declarar-lhes uma guerra eterna, pois é meu intento que eles jamais voltem a ficar sob a dominação da casa austríaca. Se eles tiverem outro objetivo, se desejarem privilégios ou qualquer outra cosia, espero e desejo tranquilizá-los e contribuir para sua felicidade. Se eles não querem ser bávaros, não vejo inconveniente em reuni-los a meu reino da Itália e em conceder-lhes privilégios e uma organização que satisfaçam seus planos. Se esta for a vontade dos tiroleses, que eles se reúnam, que me enviem uma numerosa deputação, que façam seu pedido de anexação ao reino da Itália; por fim, que me façam conhecer o que desejam, e verei se posso concedê-lo; pois prefiro submetê-los pela convicção do que pela força das armas.

~

É pouco conhecer a política do gabinete de Viena acreditar que, se ele tivesse desejado a guerra, o teria insultado: ele o teria, pelo contrário, afagado, entorpecido, enquanto suas tropas marchariam; suas verdadeiras intenções teriam sido conhecidas apenas ao primeiro tiro de canhão. Tenha certeza de que a Áustria lhe dará satisfações. Deixar-se levar dessa forma pelos acontecimentos é não ter um sistema político.

~

Os austríacos fazem tudo demorada e pesadamente.

～

A política do gabinete austríaco não muda. As alianças e os casamentos podem interromper sua marcha, mas nunca a desviam. A Áustria nunca renuncia ao que é obrigada a ceder. Tanto que é a mais fraca, a paz na qual se refugia não passa de uma trégua; ao assiná-la, medita uma nova guerra... Em uma palavra, a Áustria não sabe esquecer.

～

Seria preciso que a Casa da Áustria nos amasse, e não apenas nos visse sem mágoas, mas que se regozijasse e tomasse parte em nossos sucessos. Amar, sei muito bem o que isso quer dizer em política.

～

Não hesito em dizer que meu assassinato em Schönbrunn teria sido menos funesto para a França do que o foi minha união com a Áustria.

～

Veja como nos Estados Unidos, sem nenhum esforço, tudo prospera; quanto se é feliz e tranquilo! É que, na realidade, a vontade e os interesses públicos governam. Coloque o mesmo governo em guerra com a vontade e os interesses de todos, que o senhor verá imediatamente quanta algazarra, quantos atritos, perturbações, confusão e sobretudo quanto aumento da criminalidade.

～

A América recorreu às armas para fazer a soberania de sua bandeira ser aceita; as aprovações do mundo a acompanham nesta gloriosa luta. Se ela a concluir obrigando os inimigos do continente a reconhecer o princípio de que as mercadorias e a tripulação de lados neutros devem ser respeitadas pelos beligerantes, e que os neutros não devem ser submetidos a bloqueios escritos, conforme as estipulações do tratado de Utrecht, a América prestará relevantes serviços a todos os povos. A posteridade dirá que o mundo antigo perdera seus direitos e que o novo os reconquistara.

∼

Não há nada que eu queira mais do que o restabelecimento da paz com o rei da Suécia; as paixões podem nos ter separado, mas o interesse dos povos, que regula a conduta dos soberanos, deve nos reaproximar. A Suécia não pode negar que, na luta atual, está tão interessada quanto a França no sucesso de meus exércitos; ela sentirá muito mais do que a França o contragolpe do crescimento da potência russa... Em situação alguma a Suécia tem algo a temer da França, mas tudo da Rússia.

∼

*Ao ministro da Suécia:*

O senhor está sofrendo; pensa por acaso que eu não sofro? Que a França e Bordeaux, que a Holanda e a Alemanha não sofrem? É por isso que é preciso acabar com isso; paz marítima a qualquer preço!... A Suécia me causou mais mal do que as cinco coalizões juntas; ela não pode continuar sendo um estado misto. Escolham! Disparem os canhões nos ingleses que se aproximam de vossas costas e confisquem suas mercadorias, ou guerra contra a França!

~

Declaro que, desde que estou à frente do governo, nenhuma potência se interessou pelo destino da Suíça. Eu é que reconheci a República Helvética em Lunéville; a Áustria não se preocupou nem um pouco com ela. Em Amiens, tentei fazer o mesmo. A Áustria não aceitou.

~

Vossa história inteira, suíços, se resume ao seguinte: vocês são uma agregação de pequenas democracias e inúmeras cidades livres imperiais, formada por força de perigos comuns e consolidada pela ascendência da influência francesa... Depois da Revolução, vocês se obstinaram a procurar salvação fora da França. Ela consiste numa única coisa: em vossa história e vossa posição, o bom senso o diz. É o interesse pela defesa que liga a França à Suíça; é o interesse pelo ataque que pode tornar interessante a Suíça aos olhos das demais potências. O primeiro é um interesse permanente e constante; o segundo depende de caprichos e é apenas passageiro... A Suíça só pode defender suas planícies com a ajuda da França... A França pode ser atacada em sua fronteira suíça; a Áustria não teme a mesma coisa... Eu preferiria sacrificar cem mil homens a permitir que ela caísse nas mãos dos líderes da última insurreição; tal é o tamanho da importância da Suíça para a França.

~

*Ordem do dia (7 de fevereiro de 1800):*
Washington morreu.
Esse grande homem lutou contra a tirania; ele consolidou a liberdade de sua pátria; sua memória será sempre cara

ao povo francês e a todos os homens livres dos dois mundos, especialmente aos soldados franceses que, como ele e os soldados americanos, lutam pela igualdade e pela liberdade.

Por isso, o Primeiro Cônsul ordena que, durante dez dias, véus pretos sejam hasteados em todas as bandeiras e estandartes das tropas da República.

∽

Você sabe o quanto os prussianos estão interessados, convença-os com algum dinheiro. É assim que você descobrirá o segredo e o plano deles. Dê-lhes cem luíses; com esta chave de ouro, você abrirá todas as pastas e destruirá todos os escrúpulos.

∽

O governo da Prússia conservou por vinte anos o privilégio de se preparar para a paz com seus inimigos, para a guerra com seus amigos, para fazer e desfazer seus tratados, para avançar entre duas negociações, a fim de estar sempre ao lado do mais forte.

∽

A Antuérpia era uma pistola constantemente apontada para o coração da Inglaterra.

∽

A Europa é um buraco. Só houve grandes impérios no Oriente, onde vivem seiscentos milhões de homens.

# Cronologia

**Séc. XVI.** Francisco Bonaparte, mercenário do Ufficio di San Giorgio, originário de Sarzana, chega à colônia genovesa de Ajaccio.
**1729.** Primeira guerra de independência da Córsega.
**1736.** Théodore de Neuhoff, rei da Córsega.
**1746.** *27 de março*: nascimento de Carlos Bonaparte.
**1750.** *24 de agosto*: nascimento de Letícia Ramolino.
**1755.** *Novembro*: Constituição da Córsega.
**1769.** *9 de maio*: Batalha de Ponte Novu (conquista da Córsega pela monarquia francesa).
*15 de agosto*: nascimento de Napoleão Bonaparte.
**1771.** *Setembro*: nobreza dos Bonaparte oficialmente confirmada.
**1772.** Carlos Bonaparte, deputado da nobreza nos Estados Gerais da Córsega, e novamente em 1777 e em 1781.
**1779.** *Janeiro*: N. entra no colégio em Autun.
*Maio:* N. entra na Escola Militar de Brienne.
**1784.** *Setembro*: N. escreve ao pai para pedir-lhe que "envie a *Histoire de Corse*, de Boswell".
*Outubro (a outubro de 1785)*: N. na Escola Militar de Paris.
**1785.** *24 de fevereiro*: morte do pai, Carlos Bonaparte.
*1º de setembro*: N. é promovido ao grau de segundo-tenente.
**1786.** *15 de setembro*: retorno a Ajaccio.
**1787.** *12 de setembro*: estada em Paris.
*22 de novembro*: encontro com a prostituta do Palais-Royal.
**1788.** *Janeiro*: retorno a Ajaccio.
*9 de maio*: dia em que começa o primeiro capítulo deste livro.
*Junho*: N. volta para o seu regimento, acantonado em Auxonne.
**1789.** *1º de maio*: convocação dos Estados Gerais.

*12 de junho*: o Terceiro Estado se autoproclama assembleia do povo; carta de N. a Paoli.
*20 de junho*: juramento do Jeu de Paume.
*11 de julho*: demissão de Necker.
*14 de julho*: tomada da Bastilha.
*Noite de 4 de agosto*: abolição dos privilégios feudais.
*Fim de setembro*: retorno à Córsega.
*5 de outubro*: o povo vai buscar o rei em Versalhes e leva-o para Paris.

**1790.** *9-10 de maio e 25 de junho*: motins em Ajaccio.
*12 de julho*: Constituição Civil do Clero.
*14 de julho*: Festa da Federação; juramento do rei à Nação e à Lei.
*17 de julho*: chegada de Paoli a Bastia.
*5 de agosto*: N. encontra Paoli.

**1791.** *23 de janeiro*: N. lê sua *Lettre à Matteo Buttafoco* (primeiro escrito político, publicado em março de 1791) para a Sociedade dos Amigos da Constituição de Ajaccio, à qual acaba de aderir.
*31 de janeiro*: N. une-se a seu regimento em Auxonne e depois em Valence (junho).
*25 de fevereiro*: supressão dos direitos comunais em Ajaccio.
*18 de abril*: Luís XVI é obrigado a permanecer nas Tulherias.
*1º de junho*: N. é nomeado primeiro-tenente.
*20 de junho*: fuga do rei para Varennes.
*Junho*: N. secretário da Sociedade dos Amigos da Constituição de Valence; recebe favoravelmente a petição das sociedades do sul pedindo "que o rei seja julgado".
*14 de julho*: N. presta juramento, com todo o seu regimento, à Nação e à Lei.
*17 de julho*: La Fayette massacra os cordeliers no Champ-de-Mars.
*25 de agosto*: N. apresenta no concurso da Academia de Lyon seu "Discours sur le Bonheur".

*13 de setembro*: juramento do rei à nova Constituição.
*Setembro*: retorno à Córsega.
*Outubro*: morte do tio arcediago Luciano.
*13 de dezembro*: N. compra bens nacionais que pertenceram ao clero.

**1792.** *Fevereiro*: N. é desligado por ausência quando de uma revista.

*1º de abril*: N. é eleito segundo-tenente-coronel do segundo batalhão de voluntários nacionais de Ajaccio e Tallano.

*8-9 de abril*: motins em Ajaccio.

*20 de abril*: declaração de guerra à Áustria.

*20 de junho*: manifestação insurrecional contra a demissão dos ministros girondinos Roland, Clavière e Servan.

*21 de junho*: N. é reintegrado e nomeado capitão.

*28 de junho*: discurso de La Fayette na Assembleia.

*28 de junho*: difusão em Paris do "Manifesto de Brunswick".

*11 de julho*: a Assembleia decreta a "Pátria em perigo".

*10 de agosto*: segunda Revolução; situamos na noite de 10 de agosto as meditações de Napoleão relatadas em nossos capítulos sobre a Revolução Francesa.

*19 de agosto*: prussianos e emigrados cruzam a fronteira.

*30 de agosto*: Luís XVI, "suspenso" e preso no Templo, assina de próprio punho o brevê de capitão de N.; este foi um dos últimos atos legais do monarca.

*20 de setembro*: vitória de Valmy; a invasão é rechaçada.

*21 de setembro*: proclamação da República "una e indivisa".

*15 de outubro*: N. retorna a Ajaccio.

**1793.** *10 de janeiro-24 de fevereiro*: N. participa da expedição da Sardenha.

*21 de janeiro*: Luís XVI é guilhotinado.

*21 de abril*: prisão de Paoli decretada pela Convenção.

*3-5 de maio*: o diretório paolista quer prender N.; ele foge.

*24 de maio-3 de junho*: N. participa da tentativa dos jacobinos pró-franceses de retomar Ajaccio.

*31 de maio e 2 de junho*: Danton e Robespierre tomam o poder em Paris.
*11 de junho*: N. foge da Córsega com toda a família a bordo do *Prosélyte*.
*29 de julho*: N. publica *Le Souper de Beaucaire*.
*3 de setembro*: N. é nomeado comandante da artilharia de Carteaux.
*18 de dezembro*: os ingleses evacuam Toulon.
*22 de dezembro*: N. é nomeado general de brigada.

**1794.** *Janeiro*: N. conhece Désirée Clary.
*Janeiro-fevereiro*: Barras confia a N. uma missão de inspeção do litoral da Provence.
*24 de fevereiro*: eliminação dos hebertistas; início do refluxo revolucionário.
*29 de julho*: 9 termidor; queda de Robespierre.
*9 a 20 de agosto*: N. é designado para detenção em Nice.
*13 de setembro*: Cairo, Piemonte: N. conhece Madame Turreau.

**1795.** *21 de abril*: N. pede a mão de Désirée Clary.
*7 de maio*: N. é eliminado dos quadros da artilharia, degradado e nomeado "ao comando de uma brigada de infantaria na Vendeia"; depois é nomeado general de brigada de infantaria no exército do oeste.
*28 de maio*: chegada em Paris.
*15 de agosto-15 de setembro*: *Eugénie et Clisson*.
*18 de agosto*: N. entra para o Bureau Topographique do Ministério da Guerra.
*15 de setembro*: N. é novamente eliminado da lista dos generais por ter-se recusado a comparecer ao exército do oeste.
*23 de setembro*: a Constituição do Ano III é adotada.
*2 de outubro*: revolta das seções monarquistas em Paris.
*5 de outubro*: 13 vendemiário: N., segundo-comandante de Paris, abafa a insurreição monarquista.
*15 de outubro*: primeira visita à casa de Joséphine.
*28 de outubro*: primeiro bilhete de Joséphine.

*31 de outubro*: Barras diretor.
*Dezembro*: primeiro bilhete de amor de N. a Joséphine.
**1796.** *2 de março*: N. é nomeado comandante-chefe do exército da Itália.
*9 de março*: N. casa-se com Joséphine.
*11 de março*: partida para o exército da Itália.
*27 de março*: N. une-se ao exército da Itália em Nice.
*12 de abril*: vitória de Montenotte.
*13 de abril*: vitória de Millesimo.
*14 de abril*: vitória de Dego.
*21 de abril*: vitória de Mondovi.
*10 de maio*: vitória de Lodi.
*16 de maio*: entrada triunfal em Milão.
*3 de agosto*: vitória de Lonato.
*5 de agosto*: vitória de Castiglione.
*15-17 de novembro*: vitória de Arcole.
**1797.** *14 de janeiro*: vitória de Rivoli.
*2 de fevereiro*: capitulação de Mântua.
*18 de abril*: preliminares de paz assinadas em Leoben com os austríacos.
*15 de maio*: queda de Veneza.
*29 de junho*: criação da República Cisalpina.
*1º de outubro*: paz de Campoformio.
*5 de dezembro*: retorno a Paris.
**1798.** *19 de maio*: N. embarca em Toulon para o Egito.
*21 de julho*: Batalha das Pirâmides.
*1º e 2 de agosto*: desastre de Abukir (Nelson aniquila a frota francesa: N. é informado em setembro).
**1799.** *25 de fevereiro*: queda de Gaza.
*7 de março*: queda de Jafa.
*20 de março-17 de maio*: cerco a Saint-Jean-d'Acre e, depois, retirada.
*25 de julho*: vitória de Abukir contra os turcos.
*23 de agosto*: N. deixa o Egito.
*16 de outubro*: retorno a Paris.

*18 de outubro*: reconciliação com Joséphine.
*9 de novembro*: golpe de Estado de 18 brumário.
*25 de dezembro*: promulgação da Constituição do Ano VIII.

**1800.** *13 de fevereiro*: criação da Banque de France.
*19 de fevereiro*: o primeiro-cônsul instala-se nas Tulherias.
*6 de maio*: partida para a Itália.
*21 de maio*: passagem dos Alpes.
*2 de junho*: entrada em Milão.
*14 de junho*: vitória de Marengo.
*2 de julho*: retorno às Tulherias.
*24 de dezembro*: atentado da Rue Saint-Nicaise.

**1801.** *9 de fevereiro*: tratado de Lunéville.
*15 de agosto*: assinatura da Concordata.

**1802.** *27 de março*: paz de Amiens com a Inglaterra.
*26 de abril*: anistia geral decretada para os emigrados.
*2 de agosto*: N. é cônsul vitalício.
*20 de setembro*: instalação no castelo de Saint-Cloud.

**1804.** *21 de março*: execução do duque d'Enghien. Promulgação do Código Civil.
*22 de novembro*: instalação no castelo de Fontainebleau.
*2 de dezembro*: sagração do imperador e da imperatriz em Notre-Dame de Paris.

**1805.** *24 de setembro*: partida de Saint-Cloud.
*7 de outubro*: vitória de Elchingen.
*14 de outubro*: capitulação de Ulm.
*15 de novembro*: entrada em Viena.
*2 de dezembro*: vitória de Austerlitz (Batalha dos Três Imperadores).

**1806.** *1º de janeiro*: abolição do calendário republicano.
*6 de agosto*: Francisco II abdica; fim do sacro Império Romano Germânico.
*25 de setembro*: partida de Saint-Cloud.
*14 de outubro*: vitória de Iena.
*28 de outubro*: entrada em Berlim.
*Novembro*: bloqueio continental.

*19 de dezembro*: entrada em Varsóvia.
1807. *Janeiro*: N. conhece Maria Walewska.
*8 de fevereiro*: Batalha de Eylau.
*21 de fevereiro*: Osterode, velho castelo de Ordenschloss (a trinta quilômetros de Eylau).
*31 de março*: castelo de Finckenstein.
*6 de junho*: partida de Finckenstein.
*14 de junho*: vitória de Friedland.
*25 de junho*: N. encontra Alexandre no Neman.
*22 de julho*: criação do Grão-Ducado de Varsóvia.
*9 de agosto*: Talleyrand abandona suas funções de ministro dos Negócios Estrangeiros.
*31 de dezembro*: N. é informado do nascimento de seu filho Charles-Léon.
1808. *1º de abril*: ida de N. para Baiona, onde encontra-se com o rei da Espanha.
*29 de outubro*: N. sai de Paris rumo à Espanha.
*20 de dezembro*: aliança Fouché-Talleyrand.
1809. *3 de janeiro*: retorno a Paris.
*9 de abril*: formação da quinta coalizão.
*13 de maio*: entrada em Viena.
*17 de maio*: anexação dos Estados Pontificais.
*5 de junho*: N. se instala no castelo de Schönbrunn. Manda buscar Maria Walewska.
*18 de junho*: bula de excomunhão.
*6 de julho*: sequestro do papa.
*14 de dezembro*: N. e Joséphine se divorciam.
1810. *2 de abril*: casamento com Marie Louise.
*4 de maio*: nascimento de seu filho Alexandre Walewski.
1811. *20 de março*: nascimento de seu filho Napoléon-François, rei de Roma.
1812. *9 de maio*: partida para a campanha da Rússia.
*22 de junho*: declaração de guerra à Rússia.
*7 de setembro*: Batalha de Borodino (Batalha de Moskova).
*14 de setembro*: entrada em Moscou.

*16 de setembro*: incêndio de Moscou.
*17 de novembro*: Batalha de Krasnoi.
*27-28 de novembro*: Batalha de Berezina.
*5 de dezembro*: N. abandona seu exército e volta para Paris.

**1813.** *28 de fevereiro*: os prussianos unem-se à sexta coalizão anglo-russa.
*1º de maio*: vitória de Weissenfeld.
*2 de maio*: vitória de Lützen.
*20 de maio*: vitória de Bautzen.
*21 de maio*: vitória de Wurschen.
*4 de junho*: armistício de dois meses assinado em Pleswitz.
*21 de junho*: derrota de Vitória; as tropas francesas evacuam a Espanha.
*12 de agosto*: declaração de guerra à Áustria.
*28 de agosto*: vitória de Dresden.
*16 a 19 de outubro*: derrota de Leipzig na Batalha das Nações.
*4 de dezembro*: N. recusa a proposta dos aliados de respeitar as "fronteiras naturais" francesas em troca de uma capitulação.

**1814.** *17 de janeiro*: Murat, rei de Nápoles, passa para o inimigo.
*10-18 de fevereiro*: campanha da França; vitórias de Champaubert, Montmirail, Montereau.
*31 de março*: russos e prussianos entram em Paris.
*6 de abril*: abdicação de N. sem condições.
*Noite de 12 para 13 de abril*: tentativa de suicídio.
*20 de abril*: adeus à Guarda.
*4 de maio*: chegada à ilha de Elba.
*1-2 de setembro*: visita de Maria Walewska e de seu filho.

**1815.** *1º de março*: desembarque em Golfe Juan.
*20 de março*: N. dorme nas Tulherias.
*18 de junho*: derrota de Waterloo.
*22 de junho*: segunda abdicação.
*26 de junho*: adeus a Maria Walewska e ao filho Alexandre.
*15 de julho*: Île-d'Aix: N. sobe a bordo do navio *Bellérophon*; a partir de então, é prisioneiro dos ingleses.

*31 de julho*: confirmação oficial de sua deportação para a ilha de Santa Helena.

**1816.** *7 de agosto-16 de outubro*: viagem a bordo do *Northumberland*.

**1821.** *5 de maio*: morte de Napoleão Bonaparte às 17h49.

**1840.** *15 de dezembro*: transferência das cinzas para o Palácio dos Inválidos.

lepmeditores
www.lpm.com.br
o site que conta tudo

IMPRESSÃO:

PALLOTTI
GRÁFICA

Santa Maria - RS | Fone: (55) 3220.4500
www.graficapallotti.com.br